Zinédine Zidane

Zinédine Zidane mit Dan Franck

Der mit dem Ball tanzt

Deutsch von Monika Rauch

bombus

Warum eigentlich »Bombus«-Verlag?: Physiker und Wissenschaftler sprachen der gemeinen Erdhummel [bombus terrestris] die Fähigkeit zum Fliegen ab. Zu schlecht sei bei ihr das Verhältnis von Gewicht zur Spannweite. Daß sie es trotzdem könne, schrieben die Forscher dem sonnigen Naturell der Hummel zu – sie kümmert sich nicht um Aerodynamik und hebt statt dessen einfach ab. Aus genau diesem Stoff sind die Geschichten, die uns sowohl im Leben als auch in Büchern fesseln: Menschen, die sich über Widerstände hinwegsetzen, aus eigener Kraft, mit starkem Willen und mit einem ungebrochenen Glauben an ihre Fähigkeiten.

Bibliografische Information Der Deutschen Bibliothek
Die Deutsche Bibliothek verzeichnet diese Publikation in der Deutschen Nationalbibliografie; detaillierte bibliografische Daten sind im Internet über http://dnb.ddb.de abrufbar

Das vorliegende Buch erschien unter dem Titel
»Zidane – Le roman d´une victoire« bei Editions Robert Laffont, Paris

Übersetzung: Monika Rauch
Lektorat: Sonja Hinte
Cover-Gestaltung: Markus Härle
Satz: Ingo Scheffler
Druck und Bindung: Ebner und Spiegel, Ulm

www.bombus-verlag.de
Deutsche Erstausgabe
ISBN 3-936261-33-4

»Normalerweise treibt ein Spieler den Ball vor sich her, Zidanes Füße dagegen schweben über dem Ball.«

ENZO FRANCESCOLI, Uruguay

»Zinédine ist am Ball ein Tänzer. Und er konnte alles, was er sah, nachmachen. Wie ein Stimmenimitator. Er sah einen Trick, eine Finte, eine Körperbewegung, eine Schußtechnik bei anderen Spielern, und sofort machte er es nach. Natürlich noch besser. Und weil ihm das Repertoire nicht genügte, erschuf er immer neue Abläufe und Körperbewegungen.«

ROLLAND COURBIS,
Zidanes Trainer in Bordeaux

Zum ersten Mal trafen wir uns an einem sonnigen Märztag 1999 im Nationalen Ausbildungszentrum der Fédération Francaise de Football (FFF) in Clairefontaine. Ich mußte vor dem Wachhaus anhalten, einige Meter vom Holzportal entfernt. Ein Mann vom Sicherheitsdienst, mit einem Walky-Talky bewaffnet, ging auf und ab, als ich um Einlaß bat. Er näherte sich und sagte: »Herr Zidane ist nicht da.«

»Er ist gestern aus Italien eingetroffen.«

»Das kann nicht sein, er ist nicht hier.«

»Da muß ein Fehler vorliegen ... Bitte fragen Sie nach.«

»Sie müssen gehen.«

»Könnten Sie im Center anrufen?«

Keine Chance. Ich kann nur von einer Ablenkung profitieren, um hineinzuschleichen. Den kleinen Weg hinunter verschwinden, zwischen den Bäumen bis rechts zum Vorplatz und dem Parkplatz. Verbotenerweise die Allee entlang, an der riesigen Skulptur des WM-Pokals vorbei, durch die Menge der autorisierten Besucher – Journalisten, Offizielle, Verwandte. An dem Verwaltungsgebäude und den Glasdächern mit den grün schimmernden Bögen vorbei. Ein aufmerksamer Sicherheitsbediensteter hielt sich in der Ecke des Vorplatzes auf. Ohne Zweifel ist er vorgewarnt worden. Er kam auf mich zu.

»Gehen Sie bitte weiter.«

»Herr Zidane ...«

»Herr Zidane ist nicht da.«

Eine Möglichkeit blieb mir noch: das Handy. 00 39 33 53 ... Via Italien mit einem Phantom in Kontakt treten, das sich wahrscheinlich einige Schritte entfernt aufhielt.

Zwei Minuten später erschien er auf der Terrasse des Schlosses. Zidane glich den Bildern, die die gesamte Weltpresse veröffentlichte: in sich gekehrt, prüfend. Die Stirn gerunzelt; beobachtend. Die Schultern ein wenig nach vorn gezogen. Knappe, sparsame Gesten. Als wolle er sich am liebsten schnellstmöglich in Luft auflösen, nicht wiedererkannt werden.
Er hob die Hand. Nicht, um zu grüßen, sondern damit ich ihm folge. Nachdem er sicher war, daß ich ihn verstanden hatte, ging er ohne zu zögern hinein. Er hinkte leicht.
Er wartete in einer großen restaurierten Halle und gab mir die Hand.
Der Marseille-Akzent, ohne überschwengliche Freundlichkeit. Er trug ein Adidas-Sweatshirt und Turnschuhe mit offenen Schnürsenkeln. Einen Zwei-Tage-Bart.
»Kommen Sie hier entlang.«
Er verließ die Halle und betrat ein Zimmer, in dem drei Personen saßen. Er zögerte einige Sekunden und ging dann weiter in ein Nachbarzimmer. Er wollte nicht gesehen werden. Er wollte nicht stören. Hohe Fenster gaben den Blick auf den Clairefontaine-Park frei. In der Mitte des Raums thronten ein Billard-Tisch und ein Tischfußballspiel. Ein bißchen abseits gelegen stand ein langer Resopaltisch.
»Setzen wir uns hierher.«
Er setzte sich in die Ecke. Er hatte unglaublich leuchtende Augen.
»Ich habe mich in der Viertelfinal-Begegnung der Champions League in Athen verletzt. Ich kann nicht spielen …«
Bedauernd fügt er hinzu:
»Ich glaube nicht, daß ich in der EM-Qualifikation gegen die Ukraine schon wieder spielen kann.«
Das ist in vier Tagen.
»Und Armenien, ich weiß nicht …«

Das ist nächste Woche.
Ein Typ in Weiß näherte sich. Er fragte Zidane, ob er Schmerzen hätte.
»Es geht ...«
»Zeig mir Dein Bein.«
Er krempelte Zidanes Hose auf und fixierte eine sehr breite Bandage am Knie. Zidane schauderte. Für den Bruchteil einer Sekunde biß er die Zähne zusammen und schloß die Augen.
»Trag sie eine Stunde. Ich komme dann wieder.«
Der Typ ging. Ein Klingeln war zu hören, wie von einem entfernten Handy. Zidane kümmerte sich nicht darum.
Ohne Zweifel fühlte er sich unwohl. Lag es an der Verletzung oder daran, sich mit einem seltsamen Gesprächpartner zu treffen, einem Schriftsteller und Journalisten, dessen Welt für ihn ebenso merkwürdig war wie die des Fußballers für den anderen? Zwei parallele Welten. Ein ausschlagendes Pendel: Zinédine Zidane. Eine außergewöhnliche Persönlichkeit.
Wieder das Klingeln. Er ignorierte es und beugte sich über sein Bein. Ein Spieler in Shorts und gelbem Hemd ging vorbei. Er grüßte Zidane, ehe er in den Tiefen des Schlosses verschwand. Dort befand sich ein Tresen mit dem Empfang. Eine geschwungene Freitreppe führte ins obere Stockwerk. Ein zartes Blau dominierte.
Der Typ in Weiß war wieder da. Er rief: »Geht's, Zizou?«
»Ich denke schon.«
»Sag mir Bescheid, wenn Du Schmerzen hast.«
Wie soll ich ihn nennen? Weder Zizou, noch Zinédine, noch Yazid ... »Herr Zidane«, das war lächerlich. Er war kein »Herr«. Auf den Bildern, im Anzug und mit Krawatte, schien er unbeholfen und linkisch. Verkleidet. Er war auch kein junger Mann mehr. Vielleicht ein jugendlicher Mann. Wie soll man einen junggebliebenen, sehr schüchternen Mann beschreiben, nach

dem alle Fernseh- und Radiosender sowie Millionen von Fans verrückt sind, der einen der renommiertesten Namen der Welt trägt und der mit mir an einem Tisch sitzt, auf einem wackeligen Hocker, schlecht rasiert, in schlechter Verfassung, sich fragend, was man schon wieder von ihm will?
Er sagte: »Wir könnten mit der WM beginnen …«
»Ein wenig eher. Als Sie aus Turin hierher, nach Clairefontaine, kamen.«
Er antwortete, daß er nicht aus Italien gekommen war, sondern aus Rodez. Didier Deschamps und er hatten von einer viertägigen Pause nach dem Scheitern von Juventus Turin in der Champions League profitiert.
Er fügte hinzu: »Mir ging es schlecht. Es ist schrecklich, in einem Finale zu verlieren. Wir waren müde. Körperlich und moralisch. Ich war noch nie zuvor so enttäuscht.«
Das Klingeln war erneut zu hören.
»Ihr Handy klingelt.«
»Das ist nicht mein Handy.«
Er zeigte auf die Bandage an seinem Knie. Sie war mit Elektroden bedeckt.
»Es ist dieses Ding hier.«

Mittwoch, 20. Mai 1998

Zidane sitzt im Flugzeug. Er hat keine Lust, über die Champions League zu sprechen, die Juventus gerade verloren hat. Er hat keine Lust, über irgend etwas zu sprechen. Er will niemanden außer seiner Familie sehen. Er kommt in Rodez an, der Heimat seiner Frau, im Aveyron gelegen. Es ist, als ob er zur Erholung ins Grüne führe. »Aber das ist es nicht. Ich bin nicht auf Erholungsurlaub.«

Zidane nimmt sein Spiegelbild im Fenster des Flugzeugs wahr. Er sieht müde aus.

Der Pilot fährt das Fahrgestell aus. Eins. Zwei. Drei. Sicherheitsgurt angeschnallt, Tablett zurückgeklappt.

»Ich war dreizehn Jahre alt, als ich zum ersten Mal geflogen bin, das war zu einem Auswahlverfahren für die französische Jugend-Nationalelf. So hoch und so schnell aufzusteigen machte mir angst. Damals versuchte ich, mich zu beruhigen und sagte mir, daß ich einen Absturz auch nicht verhindern könnte.«

Früher hatte er Angst, jetzt streckt er die Beine aus. Er ist wirklich erwachsen: er sitzt entspannt und furchtlos im Flugzeug.

Kaum, daß er sich angeschnallt hat, taucht die Landebahn auf. Er stellt sich die kommenden Tage vor. Das einzige, was zählt. Alles andere ist im Dunst der Wolken verschwunden.

Das Flugzeug berührt die Landebahn, bremst hart, bewegt sich schließlich wie eine Ente auf das lange Flughafengebäude zu. Zidane hat wieder festen Boden unter den Füßen. Es ist das Ende einer Reise.

Er schält sich aus seinem Sitz, nimmt Tasche und Jacke aus dem Gepäckfach, geht zur Tür, reiht sich in den ausgewiesenen Gang ein, er überholt, den Kopf gesenkt, ein Lächeln auf den Lippen – aber niemand sieht ihn. Er fragt sich, ob die Familie zur Begrüßung da sein wird, ob ihn eine Überraschung erwartet …

»Mein Sohn, Enzo. Er stand wie angewurzelt, den suchenden

Blick auf die Passagiere gerichtet. Er hielt sich sehr aufrecht. Mit den heiteren Augen seiner Mutter, die Haare ordentlich gekämmt, die kleinen Fäuste geballt, aufmerksam, wie immer, wenn wir uns nach einer langen Trennung wiedersehen. Mein Junge. Mein kleiner Junge. Wir werden vier Tage zusammen verbringen. Er, sein Bruder, seine Mutter … Meine Familie.«
Er geht schneller. »Ich habe sie so lange nicht gesehen.«
Enzo ist schüchtern und verrückt vor Freude. Er kann es nicht sagen, nicht zeigen. Aber sein Vater kennt ihn genau. Er sieht Enzos ausgestreckte Zungenspitze.
»Wenn er gerührt ist, streckt Enzo die Zunge heraus. Und er lacht. Enzo lacht immer. Er erwartet mich. Ich beeile mich. Er läßt die Hand seines Opas los und läuft auf mich zu. Ich beuge mich ein wenig hinunter, um ihn in den Arm zu nehmen, und drücke ihn fest an mich.«

Donnerstag, 21. Mai 1998

Rodez ist die Heimatstadt von Véronique und ihrer Familie. Es ist auch seine geworden, in die er flüchtet, wenn er sich ausruhen muß. »Marseille ist meine Heimat. Aber in Marseille ruht man sich nicht aus.«

Seine Schwiegereltern wohnen in einem einfachen Viertel, in dem einfache Menschen leben. Sie arbeiten, sie reden frei heraus und sind direkt. Er liebt sie dafür. Er fühlt sich wohl bei ihnen. Sie sind vom selben Schlag. Hier kann sich Zidane auf das bevorstehende Ereignis, von dem jeder Fußballer träumt, vorbereiten: die Weltmeisterschaft.

Er erwartet sie.

Rodez und seine Schwiegereltern lernte er also zur selben Zeit kennen. Als sie einander vorgestellt wurden, die Eltern, die Stadt und er, wußten sie, daß es für immer sein würde.

»Wir stellten uns gegenseitig unseren Familien vor, als wir unserer selbst sicher waren, unserer Pläne, unserer Liebe. Vor mir nahm Véronique noch nie einen Jungen mit zu sich. Und vor ihr nahm ich noch nie ein Mädchen mit zu uns. Heute haben wir zwei Kinder zusammen.«

Enzo, drei Jahre, Luca, einige Tage. Der Jüngste ist am 13. Mai geboren, eine Woche vor dem Champions League-Finale. Eine große Freude ging der Geburt voraus: Juventus wurde italienischer Meister.

Das Kind kam unter der Sonne von Aix-en-Provence zur Welt. Drei Wochen vor der Geburt fuhr Véronique zu ihren Schwiegereltern nach Marseille. Zidane trainierte in Turin. Er traf einen Tag vor der Geburt in der Klinik ein. Zwei Tage danach fuhr er nach Italien zurück. Er hatte gerade Zeit, seinen Sohn in den Arm zu nehmen und das nächste Flugzeug zu nehmen. Mehr nicht.

Vor der Geburt träumte er von einem Mädchen. Danach

träumte er von seinem Jungen. Elf Tage zuvor hatte er ihn zum letzten Mal gesehen.

»Das gibt es nicht. Er hat sich schon verändert.«

Enzo sieht seinen Vater an. Er muß sich wieder an ihn gewöhnen. Zidane konnte ihn in den letzten Wochen nicht zur Schule bringen. Normalerweise brechen sie jeden Tag gemeinsam auf: der eine in den Unterricht, der andere zum Training. Aber die Champions League und die Weltmeisterschaft haben die Stunden, die Tage, die Wochen vereinnahmt, gefolgt von den Interviews, dem Club, den Fototerminen und der Werbung, den Sponsoren … Es ist zu lange her, daß Zidane sich ausschließlich seiner Familie widmen konnte. Er weiß, wie sehr Véronique unter dem Kommen und Gehen, den Anrufen, den ungelegenen Besuchen leidet.

»Wenn es ihr nicht gutgeht, geht es den Kleinen auch nicht besser. Das werfe ich mir vor. Ich würde gern mehr tun. Häufiger dort sein. Aber die Spiele warten nicht. Wenn ich gehen muß, nehme ich meine Tasche und verlasse das Haus. Meine Familie ist für mich das Wichtigste. Aber ich kann nicht ohne Fußball leben.«

Wenn er zwischen beidem wählen sollte, würde es sein Herz zerreißen.

Freitag, 22. Mai 1998

Zidane hat Enzo an die Hand genommen und ist mit ihm hinaus in den Garten gegangen.

»Ich liebe Gärten. Ich bin lieber draußen als im Haus. Wenn ich könnte, würde ich draußen leben. In Turin sind wir immer an der frischen Luft. Als ich klein war, sagte mein Vater: ›Wenn sich ein Sonnenstrahl zeigt, muß man ihn nutzen.‹«

Er nimmt die Kinder mit. Sie freuen sich und toben herum.

»Ich liebe es, Enzo ins Sonnenlicht blinzeln zu sehen.«

Er spielt Fußball mit ihm und kann nicht umhin, an sich selbst als kleinen Jungen zu denken. Er sagt sich, daß er seinen Söhnen alles mitgeben möchte was nötig ist, damit sie selbstbewußte Persönlichkeiten werden.

»Ich hoffe, daß sie ihre Entscheidungen mit derselben Entschlossenheit treffen werden wie ich.«

Vielleicht wählen sie Fußball. Oder auch etwas anderes.

»Aber erstmal ermutige ich sie, besser in der Schule zu sein als ich es war.«

Er schaut Enzo an. Zidane, sehr groß, geschmeidig, schlank, beugt sich zu dem kleinen Mann, der wie ein Teil von ihm ist und den er abgöttisch liebt. Er ruft ihn, er lacht ihn an und bittet ihn zu erzählen, was er während seiner Abwesenheit getan hat.

»Ich habe mit Großvater Ball gespielt«, antwortet das Kind.

Er ist so klein und ähnelt schon den Eltern. Voller Stolz sagt Zidane: »Einerseits läßt er sich nichts gefallen. Wie seine Mutter. Aber er trägt auch wie ich eine sehr große Ruhe in sich und ist in der Lage, alles um sich herum zu vergessen und für sich zu sein.«

Er lächelt vorsichtig: »Das schätze ich nicht an mir und es ist bestimmt nicht das, was ich ihm mit auf den Weg geben möchte …«

Unterdessen verhält es sich so. Wenn er niedergeschlagen oder verletzt ist, entfernt sich Zidane von allem und allen, bleibt ganze Tage schweigsam, in sich selbst verschlossen. Oder er schaut ununterbrochen Fernsehen.

»Ich möchte nicht, daß meine Kinder so werden. Für mich ist es die beste Entspannung. Aber sicherlich nicht die intelligenteste. Ich möchte, daß sie sich anders beschäftigen.«

Er lacht und fügt hinzu: »Auf jeden Fall möchte ich lieber meine guten Seiten an Enzo sehen, dann, wenn er fröhlich ist und sich mit seinen Freunden amüsiert.«

Aber es gibt Werte und einige haben Gewicht. Sie stammen vom Großvater väterlicherseits und werden weitergegeben. Es ist so etwas wie ein Gesetz.

»Ich glaube daran. Ich will, daß meine Kinder auch daran glauben. Das wichtigste ist der Respekt gegenüber anderen. Während meiner ganzen Kindheit wiederholte mir mein Vater, daß man andere respektieren müsse. Ich habe nie aufgehört, danach zu handeln, sogar als ich mit meinen Freunden Fußball spielte. Zum Beispiel schreie ich nie. Ich rege mich nie auf. Das hat mir geholfen. Ich möchte, daß Enzo und sein Bruder genauso sind.«

Zidane sähe es allerdings lieber, daß sie etwas weniger gutmütig wären als ihr Großvater, der seinen Sohn darin noch übertrifft.

»Ich gebe gern, aber nicht soviel wie mein Vater.«

Zum Glück ist Véronique da. »Sie wird meinen Kindern beibringen, sich zu verteidigen.«

Wie es aussieht, sind die Rollen verteilt.

Samstag, 23. Mai 1998

Er reist morgen ab.

Diese Nacht weinte Luca. Véronique stand auf, um ihm die Flasche zu geben. Zidane rührte sich nicht. Er weiß, daß er bei Enzo im gleichen Alter viel häufiger anwesend war.

»Manchmal schlief ich ganze Nächte nicht. Ich verließ leise unser Zimmer und ging zu ihm. Ich hörte ihn atmen. Ich konnte sehr lange bei ihm bleiben und ihn einfach ansehen.«

Aber das war der Erstgeborene. Danach wird man sicherer. »Vater zu sein hat mein ganzes Denken verändert. Ich hatte das Gefühl, jemand anders zu werden. Meine Kinder sind für mich das Wichtigste auf der Welt ...«

Heute morgen gab er den beiden Jungen zu essen, er wechselte die Windeln des Kleinsten, und die ganze Familie spielte Fußball.

Zidane setzte sich vor den Fernseher und schaute sich einen Videofilm nach dem anderen an. Er begann mit dem *Schweigen der Lämmer*, mit Anthony Hopkins und Jodie Foster. Je mehr Zeit verstrich, je mehr Bilder, Dialoge, desto ruhiger wurde er. Er hatte das Gefühl, daß das Jetzt verblaßte. Er wechselte in eine andere Welt.

Abends ging er mit Véronique in Rodez aus. Sie aßen im Restaurant und gingen anschließend ins Kino. Seine Frau fragte ihn, ob er angespannt, gestreßt oder unruhig sei. Er verneinte, was zweifellos nicht der Wahrheit entsprach. Sie sprachen nicht über die Weltmeisterschaft.

Auf dem Heimweg durchquerten sie Rodez, um die sich windende und ansteigende Straße nach Costes-Rolugen in Richtung Aulnay-le-Château entlangzulaufen. Zidane dachte daran, daß er morgen denselben Weg nehmen würde, diesmal in entgegengesetzter Richtung. Er spürte dieses kleine Ziehen im Magen, das immer auftritt, wenn er sich auf seine Abreise

vorbereitet. An diesem Abend überkam ihn eine eigentümliche Ruhe.
»Für manche Spiele habe ich keine Lust wegzufahren. Ich sage mir, daß es genug ist, daß ich einige meiner Verpflichtungen aufgeben müßte. Nicht so dieses Mal.«
Er beugte sich zu Véronique und flüsterte: »Ich verlasse Euch für ein außergewöhnliches Abenteuer.«
Sie nahm seine Hand.
»Ich hoffe, daß wir soweit wie möglich kommen.«
Die Weltmeisterschaft, das war übermorgen. Vorher bestreiten die Blauen drei Freundschaftsspiele, die ersten beiden in Marokko, das dritte in Finnland. Zidane verließ seine Familie für längere Zeit, er wußte, daß er so bald nicht wiederkäme. Im Haus betrat er ganz leise das Zimmer der Kinder. Enzo und Luca schliefen. Sie atmeten lautlos. Er blieb über sie gebeugt stehen, um ihnen nahe zu sein. Für vier Stunden hatte er sie ganz für sich gehabt. Sie würden ihm fehlen. Nach der Weltmeisterschaft würde er Luca kaum wiedererkennen, so sehr würde er sich verändert haben …
Er legte sich schlafen und sagte seiner Frau, daß er glücklich sei. Er fügte hinzu: »Wir haben eine hübsche, kleine Familie.«
Sie löschte das Licht.

Am Tag der Geburt, 23. Juni 1972

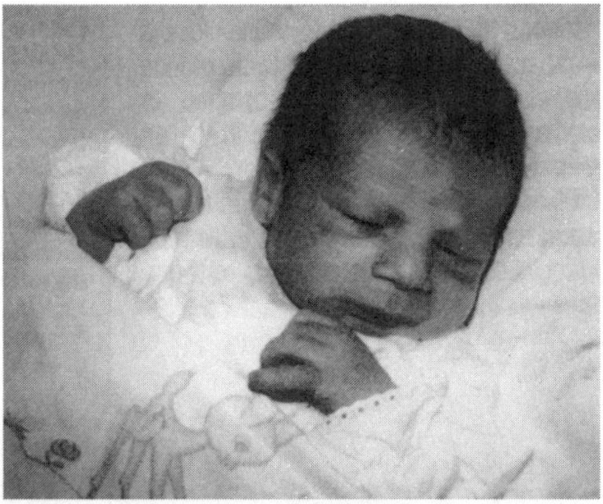

Yazid (Zidanes Kosename) seine Brüder und seine Schwester mit einem Freund.

Mit der Mannschaft von Saint-Henri

*»War man ganz und gar in das Fußballspielen vertieft, schaute einen niemand schief an. In diesen Vierteln genügt schon mal ein falscher Blick, um in Schwierigkeiten zu geraten. Das geht dann sehr schnell …
Der Fußball verhinderte, daß ich auf dumme Gedanken kam.«*

Sonntag, 24. Mai 1998

Zidane traf in Clairefontaine ein.

Der Taxifahrer, der ihn vom Flughafen zum Nationalen Ausbildungszentrum in Clairefontaine fuhr, bat ihn um ein Autogramm für seinen Sohn. Er stellte Fragen über die Weltmeisterschaft, respektierte schließlich die Schweigsamkeit seines Fahrgastes und schwieg ebenfalls.

Als sie die Pariser Vororte passierten, war auf Mauern, Stadtbussen, Straßenschildern Footix, das WM-Maskottchen, zu sehen. Chronik einer angekündigten Weltmeisterschaft. Man begegnete ihr überall, in Büchern, Radio- und Fernsehsendungen. Von den Kommentatoren, Propheten, Sportlern, Amateuren, Nachbarn, Nachbarinnen wurde auf allen Sendern mal das Schlimmste, mal das Beste prophezeit. Würde Frankreich das Finale erreichen? Oder das Viertelfinale? Wenigstens das Achtelfinale? Würde Ronaldo in Form sein? Wie spielte Deutschland? Müßten wir England mehr fürchten als Italien? … Zidane sitzt hinten im Taxi, die langen Beine angezogen, und denkt nicht daran. Er betrachtet die vorüberfliegenden Wiesen und Täler. Er trägt Kopfhörer und hört Pavarotti. Der Rummel, der das Land in Aufregung versetzt, stört ihn nicht. Er riskiert keine Prognose. »Ich muß mir nicht noch mal sagen, daß ein wichtiges Spiel ansteht.«

Er ignoriert weder, was ihn erwartet, noch was man von ihm erwartet … auch nicht, was er von sich selbst erwartet. Er bereitet sich vor: »Ich werde die ganze Zeit einen Gegenspieler an meiner Seite haben. Seit zwei Jahren hat man mich im Visier. Das macht mir keinen Spaß, aber ich kann nichts dagegen tun.«

Er muß bereits Tribut zollen für sein Talent: zu dem Zeitpunkt, als er sich auf dem Weg nach Clairefontaine befindet, zehn Tage vor der Eröffnung der Weltmeisterschaft, ist Zidane noch nicht der beste Spieler der Welt. Nur der drittbeste. Und der beste Franzose.

Im Trainingszentrum stieg die Spannung schon vor drei Tagen, als Aimé Jacquet die sechs Spieler benannte, die aus dem Kader für das Marokko-Spiel ausscheiden mußten – und also auch nicht an der Weltmeisterschaft teilnehmen würden. Er erklärte ihnen, daß der Traum beendet sei. Die Stimmung war gedrückt. Anelka, Ba, Djetou, Laigle, Lamouchi und Letizi gingen auf ihre Zimmer, um ihre Koffer zu packen. Dann kamen die Taxis, um sie abzuholen.
Karembeu, Deschamps und Zidane reisten als letzte an. Die anderen waren seit acht Tagen da. Als das Taxi die kleine gewundene Straße entlangfuhr, die zum Center führte, war die Abreise der Sechs vergessen. Der Himmel war azur-blau, ein elektrisiertes Blau, ein Fußball-Blau.
»Clairefontaine ist wie Rodez. Der Frieden, die Ruhe …«
Zidane hatte kaum Zeit, all das zu genießen. Gerade genug Zeit, durch das Tor zu fahren, die Schlüssel an der Rezeption in Empfang zu nehmen, auf sein Zimmer zu gehen, das er mit Dugarry teilt, und das Geschenkpäckchen zu entdecken, das ihn auf seinem Bett erwartet: Unterwäsche, Shorts, T-Shirts. Danach telefonierte er mit Véronique und seinem Vater, traf die anderen wieder und sie gingen auf die erste der beiden kurzen Reisen, die außer der Reihe vorgesehen waren.

Die ersten Begegnungen führten die Blauen unter die Sonne Casablancas. Zwei Spiele mit einer Woche Wellness-Schwimmbad und Blick auf das Meer: der Atlantik schickte ihnen seine Wellen als Willkommensgruß entgegen. Aber die Journalisten lagen auf der Lauer. Sie hatten ihre Netze nach ihrer üblichen Beute ausgeworfen: Aimé Jacquet. Um wissen zu lassen, daß er zu verhalten sei, unbeholfen, unentschlossen. Ein schlechter Stratege. Nicht brillant. Wenig überzeugend mit seiner 3-5-2-Taktik.

»Der Angriff«, amüsiert sich Zidane zwischen zwei Hockeyspielen auf dem Rasen, »ist anscheinend unsere Schwachstelle: Trezeguet und Guivarc'h sind nicht Ginola und Papin. Und unser Zusammenspiel ist schlecht. Wir trainieren zu selten zusammen, sehen uns nicht häufig genug, um wirklich richtig zusammen spielen zu können. Toll!«

Die Presse konzentriert ihre Kritik auf die Mannschaftsaufstellung gegen Marokko. Warum Dugarry und nicht Anelka? Warum Barthez aufstellen und nicht Lama? Und am 27. Mai, nachdem Zidane in der dreiundsechzigsten Minute ein Tor geschossen hatte: warum ein »so kleines Tor«? Ausgleichende Gerechtigkeit: siebzigtausend Zuschauer feierten Zizou.

»Das war unglaublich beeindruckend. Ein solcher Zuspruch. Ich hatte lange Zeit eine Gänsehaut. Aber die anderen Spieler gingen nicht darauf ein. Sie sagten: ›Du bist Marokkaner, nicht?‹ Ich bin kein Marokkaner. Ich bin Araber. Ich habe arabisches Blut in mir. Ich war sehr stolz …«

Zwei Tage später spielte Frankreich 2:2 unentschieden gegen Marokko. Die Presse verschärfte die Kritik: die Mannschaft spielte unter ihren Möglichkeiten, als die Marokkaner führten: sie glaubte nicht mehr an sich, nachdem sie das Tor kassierte; sie vertat zu viele Möglichkeiten, wurde schnell träge, und daß Djorkaeff ein Tor schoß, war purer Zufall …

Zidane, die Stirn gerunzelt, Hände in den Taschen, starrer Blick: »Wenn man sie so hört, müßte man den Beruf wechseln!«

Auf der Rückreise geht es ihm besser. Als seine Mannschaftskollegen ihn zur Abreise nach Marokko getroffen hatten, sahen sie einen unglücklichen Zidane, bekümmert wegen der Niederlage von Juventus in der Champions League. Er brauchte Zuspruch. Er war noch nicht die Spielerpersönlichkeit, die zu einer Weltmeisterschaft gehört. Er war da, weil seine Verträge ihn dazu verpflichteten. Ohne Antrieb, ohne Freude.
Die beiden Freundschaftsspiele taten ihm gut. Der Jubel des marokkanischen Publikums baute ihn wieder auf. Zur Rückkehr nach Clairefontaine war er ein anderer. Er hat diese Ruhe wiedergewonnen, die sich schon in Italien herausbildete, in dem Land, in dem man durch den alltäglichen psychologischen Druck auf jede WM vorbereitet wird.

Wenige Stunden vor der Abreise nach Helsinki, wo die Blauen ein Freundschaftsspiel gegen Finnland bestreiten, landet ein Hubschrauber auf dem Rasen des Stadions Michel-Platini. Der Gast schaut der Mannschaft beim Training zu. Er schüttelt allen die Hand. Zum Abendessen erscheint er zu Tisch. Er sitzt zwischen Laurent Blanc und Didier Deschamps. Er scheint sehr entspannt und sagt optimistisch: »Ich glaube, daß ich bald den Pokal Jules-Rimet an die französische Mannschaft übergeben werde.«
Er täuscht sich in der Trophäe: Der Jules-Rimet-Pokal (benannt nach dem Begründer des WM-Turniers) wurde 1983 in Brasilien gestohlen; der neue WM-Pokal, fünf Kilogramm achtzehnkarätiges Gold, ist das Werk eines italienischen Goldschmiedes.

Der Gast trank sein Bier. Zwischen Entenbrustfilet und norwegischem Omelett erzählte er lustige Geschichten. Man schenkte ihm ein Poster, Stutzen, Hosen und ein Trikot. Zidane und Dugarry wurden an seiner Seite fotografiert. Nach seiner Abreise sagte Zidane zu seinem Freund: »Die WM ist vielleicht anstrengend. Aber er, meinst Du, daß er keine Probleme hat? Mit dem was er zu leisten hat …«

Er hat ein Land zu regieren. Er ist der Präsident Frankreichs.

Am nächsten Morgen sind die Blauen nach Helsinki abgereist. Aimé Jacquet hatte vor der Presse erklärt, daß die in Finnland spielende Mannschaft der Aufstellung, die er gegen Südafrika am 12. Juni antreten lassen würde, sehr nahe käme.
War das ein Omen? In der vierundachtzigsten Minute schoß Trezeguet ein Tor und brachte Frankreich den Sieg: 1:0.
Während des Spiels wurde Zidane von Wiss gefault. Als er fiel, durchfuhr es ihn wie ein Blitz, daß dieses Foul ihn vielleicht die WM-Teilnahme kosten könne. Er stand wieder auf. Der Schienbeinschützer war kaputt und ein Stollenabdruck zierte das Bein. Zur Halbzeit war das Knie angeschwollen. Da er keine Schmerzen hatte, ging er wieder auf das Feld zurück. Mit der Schuhsohle hatte er die Brust des Finnen gestreift. Manche dachten, daß er zu nervös sei. Daß er sich weniger gut beherrschte als gewöhnlich. War seine Niedergeschlagenheit wegen der verlorenen Champions League die Ursache? War es ein Ausdruck von Müdigkeit?
»Mir war klar, daß ich während der WM den Fouls meiner Gegner ausgesetzt sein würde. Aber ich zählte auf die Schiedsrichter, die die Provokateure bestrafen.«
Am nächsten Morgen hatte er Schmerzen im Knöchel und konnte nicht auftreten. Diagnose: Verstauchung im Knorpelbereich.
Zidane konnte nicht trainieren. Eine Erinnerung an eine Begebenheit vor der EM 96: eine Straße, ein Fahrzeug, das gegen die Sonne fährt, eine plötzliche Lenkbewegung bei 100 km/h, um auszuweichen. »Ich war verletzt. Anschließend hätte ich nicht spielen dürfen. Ich habe das Halbfinale gegen Tschechien ver-

patzt. Später schwor ich mir, daß ich im Fall einer Verletzung immer meinen Platz freimache.«

Zum Glück verging die Angst wieder.

»Es war nicht böse gemeint. Ich war in guten Händen und kam schnell wieder auf die Beine. Und ich habe es vergessen. Das ist das einzige, was man tun kann. Man verletzt sich immer dann, wenn man daran denkt, wenn man Angst hat. Wer sich vor Verletzungen fürchtet, spielt nicht mehr.«

Für ihn war es in Ordnung. Aber als die französische Mannschaft am 8. Juni auf dem Flughafen Roissy-Charles-de-Gaulle ankam, Gate 1, Halle B, Flug AF2865 aus Finnland kommend, sah Zidane sehr wohl, daß die Blicke einiger anwesender Journalisten sich sofort auf sein rechtes Bein richteten. Nicht auf die Glatze von Barthez, die Zigarette von Emmanuel Petit, die Handys der Spieler, die wie durch Zauberei aus den Hosentaschen oder Taschen auftauchten. Nein, auf ihn. Zinédine Zidane. Der Spielmacher der französischen Nationalelf. Der Kapitän ließ einen Reporter zu ihm durch.

Zidane verweigerte das Wort.

»Deschamps ist der Mannschaftskapitän. Ich bin der Spielmacher, aber eben nur auf dem Spielfeld. Ich sage nichts. Dafür bin ich zu schüchtern.«

Er spricht mit sanfter Stimme, ein Lächeln auf den Lippen. Er hört auch die Kritiken, selbst wenn er sie schon kennt: die Spieler lasen im Flugzeug die Zeitungen. Der Tenor ist beinahe immer der gleiche: Sicher, die Blauen haben in Finnland gewonnen; aber glanzlos und ohne Spielfluß.

Wie alle anderen nimmt Zidane die Litanei der Vorwürfe wahr. Er denkt darüber nach, mit dem Gerechtigkeitssinn, den er von seinem Vater hat: er wägt für und wider ab.

Das Für bedeutet, daß er die entgegengesetzte Sichtweise zuläßt: »Während der drei letzten Freundschaftsspiele waren wir nicht mitreißend. Wir konnten nicht überzeugen. Einverstanden.«

Das Wider ist das nicht vorhandene Vertrauen Frankreichs: »Wir schaffen es! Es klafft da eine zu große Lücke zwischen unserer Sicherheit und den Zweifeln aller anderen! Habt ein wenig Vertrauen in uns!«

Er nimmt seine Tasche und entfernt sich mit seinen Mitspielern. Die Flughafenhalle ist fast leer, seitdem die Air-France-Piloten vor einigen Tagen in Streik getreten sind. Die Verhandlungen zwischen den Gewerkschaften und der Direktion sind unterbrochen worden. Dieser Streik kann die WM beeinträchtigen.

Was denkt Zidane darüber? »Es ist hart für die Leute, die aus der ganzen Welt anreisen wollen. Und nicht gut für den Volkssport Fußball.« Er zuckt mit den Schultern, hebt die Hände in einer zweifelnden Geste und fährt fort: »Aber, wenn sie streiken, wird das sicherlich einen Grund haben …«

Es sind keine Piloten in den Cockpits und dementsprechend auch keine Reisenden in Roissy. Die langen, weißen, verlassenen Flure, der fast stumme Tanz der Rolltreppen, die vergessenen Aufrufe, all das bietet ein merkwürdiges Schauspiel in einer veränderten Umgebung. Der Streik, ja. Aber trotz der vorherrschenden Leere, herrscht auch eine neue Spannung. Vielleicht, weil Soldaten und ein Geschwader der Spezialeinsatztruppe CRS einen Schutzwall zwischen den Spielern und allen anderen bildeten. Vielleicht, weil die zweiunddreißig Nationalmannschaften in Frankreich angekommen waren. Vielleicht, weil die Seitenflächen des weißen Busses, in den Zidane steigt, der WM-Pokal ziert. Schließlich und endlich vielleicht, weil doch die Abflug- und Ankunftszeiten der Mannschaft geheim gehalten worden waren.

Das erste WM-Spiel findet übermorgen statt.

Im Bus erinnert Aimé Jacquet an die Verhaltensregeln, die er der Mannschaft mitgegeben hat: kein Spieler greift öffentlich einen Mitspieler an; Kritik, egal wie perfide sie sein mag, wird nicht den Zusammenhalt der Blauen gefährden. Nichts darf sie auseinanderbringen. Was die Pressetermine anbelangt, gehen die Spieler abwechselnd im dreitägigen Turnus je zwanzig Minuten zu den Radio- und Fernsehsendern und den Zeitungen. So vergißt niemand im Laufe der Zeit die Grundregel: alle gemeinsam. Niemand kann etwas ausplaudern, was er im nachhinein bedauert: Schuld und schlechtes Gewissen würden schwer auf der Mannschaft lasten, auf der Ausgeglichenheit, auf der Qualität des Spiels.

Aimé Jacquet hat an alles gedacht. Wie immer.

Zidane schaut ihn an. Er träumt davon, dem Trainer die große Trophäe zu übergeben und ihn so für alle erlittenen Ungerechtigkeiten zu entschädigen. Unermüdlich und entschlossen wiederholte Aimé, daß die Zahl derer, die an sie glaubten, viel größer ist, als die Zahl derer, die sie fertigmachen wollten. Aber die Kritik, der er ausgesetzt ist, geht über den Fußball hinaus. Sie ist persönlicher Natur.

»Es sind Bosheiten, die er nicht verdient. Und außerdem bedeutet ihn anzugehen, auch uns zu treffen. Ein Mitglied der Mannschaft zu verletzen bedeutet, die gesamte Mannschaft zu verletzen. Wir sind uns alle einig. Niemals haben wir Aimé im Stich gelassen und wir werden es auch niemals tun. Er wurde von allen Seiten malträtiert. Man hat ihn unglaublich verletzt. Das vergißt und verzeiht er nie. Er ist zu aufrecht, zu ernsthaft.«

Zidane leidet mit Jacquet. Er kennt ihn. Er weiß, daß er immer alles gegeben hat, daß er nie von seinem Weg abwich. Er faßt zusammen, mit dunklem Blick, eigensinnig und treu wie nur ein Mann aus Marseille sein kann: »Aimé Jacquet, das ist ein ganz großartiger Mann.«

Er versteht Aimé um so besser, weil er selbst häufig unter übler Nachrede zu leiden hat. Im Moment ist die Situation etwas besser, weil man sich in Frankreich befindet, wo die Kritik weniger scharf ist, als in Italien. »Dort ist es hundertmal schlimmer. Montag, Dienstag, Mittwoch, Donnerstag … täglich! Die französischen Journalisten sind harmlose Kinder im Vergleich zu ihren italienischen Kollegen. In Turin sollte man besser die Augen schließen und sich die Ohren zuhalten. Sonst steckt man fürchterlich ein.«

Aber, was tun?

»Nichts.«

Leichtes Zögern.

»Es stimmt, wenn man mir so richtig übel mitspielt, möchte ich reagieren. Aber das ist falsch.«

Er hält sich raus – aber nicht immer. In Finnland erhielt Wiss einen Tritt. Das war nicht das erste Mal. Zidane ist nicht der Chef, aber er bleibt das Arbeitstier. Auf dem Spielfeld heften sich die Gegenspieler an seine Fersen. Zidanes Geduld hat Grenzen, sie erschöpft sich zwischen den gelben und roten Karten der Schiedsrichter. Wenn sie schlecht pfeifen, kann das Fouls nach sich ziehen.

»Die Kritik spart mich nicht aus. Man findet, daß ich nervös bin. Man sagt, daß ich die Schiedsrichter anschreie, daß ich meine Gegenspieler brutal foule, daß ich große Chancen verpatze …«

Bislang geht es. Zidane ist nicht mehr fünfzehn. Er hatte Zeit, sich ein dickes Fell zuzulegen: »Als Profi hat man keine andere Wahl.«

Er gibt zu, daß er sich manchmal gehen läßt. »Dann ärgere ich mich über mich selbst. Aber dann es ist zu spät.«
Um ihn zu provozieren, reicht es, die Schlagzeilen der Gazetten aufzugreifen, die behaupten, daß die Nummer 10 der Nummer 21 zu einem Platz in der Mannschaft verholfen hat: Christophe Dugarry. Er wird rot vor Zorn, sein Blick funkelt. Da hat man ihm übel mitgespielt, er würde gern austeilen. Man erwartet wüste Schimpftiraden. Aber mit ruhiger Stimme antwortet Zinédine Zidane: »Wenn man mir eine wirkliche Gemeinheit anhängt, sage ich mir immer: ich trage das auf dem Spielfeld aus.«
Auf dem Spielfeld, das ist in drei Tagen. Frankreich gegen Südafrika, im Vélodrome-Stadion von Marseille.

Die Welt ist rund wie ein Fußball. Die Aufmerksamkeit des Erdballs richtet sich auf Frankreich. Und Frankreich ist vorbereitet. Es hat die Stadien saniert, die Straßen verbreitert, die Spielfelder präpariert. Es erwartet die Gäste. Es schmückt sich blau, weiß, rot. Alles andere kommt zum Erliegen, um sich dem Fußball zuzuwenden. Das Land ist fußballverrückt: es denkt und spricht nur über das eine Thema. Arbeitskollegen, Interessengruppen, Freunde bilden ein perfektes Rund wie Bälle, in das die Unverständigen nicht einzudringen vermögen: die sportlich Inkompetenten, die einzigen, die das WM-Maskottchen Footix nicht in ihren Armen halten. Vorübergehend. Denn sobald sie auf einen Gleichgesinnten treffen, klammern sie sich aneinander, Rettungsanker füreinander. Aber was machen zwei über Bord gegangene Seeleute inmitten eines Ozeans? Sie reden über das Meer. Ebenso verhalten sich die scheinbar Desinteressierten, sie führen inhaltslose Gespräche über das Thema, das alle um sie herum beschäftigt: die Weltmeisterschaft. Und sie stellen die universelle Frage: Seit 1930, der Gründung dieses Turniers, hat Frankreich es noch nie gewonnen; 1958 und 1986 wurde man WM-Dritter, und 1982 Vierter; würde man diesmal besser abschneiden?
Selbst der Streik der Air-France-Piloten wird im Licht der Vorbereitungen zum Fest gesehen. Seit zehn Tagen sind die Piloten das Hauptgesprächsthema. Allen ist die Rechtmäßigkeit des Arbeitskampfes egal. Niemand wundert sich über die gewonnenen Millionen dieser Blutsauger oder über die verlorenen Millionen der Fluggesellschaft. Die einzige Frage, die alle rund um die Uhr beschäftigt, ist die der Weltmeisterschaft.

Sind diese gutsituierten Besserverdienenden so vermessen, die Fans fernzuhalten, die Sonderflüge zu behindern, dieses große Ereignis zu verhindern, auf das sich nicht nur das Land, sondern die ganze Welt seit so langer Zeit vorbereitet? Was für Gastgeber sind wir, wenn unsere staatlichen Vertreter – Spinetta, Präsident der Flughafengesellschaft, Transportminister Gayssot, Premierminister Jospin – den Gegner nicht im Griff haben? Seltsamer Klassenkampf, in dem die Klassen nicht mehr wirklich die sind, die sie einmal waren …

Am 2. Juni enden die Verhandlungen in einem Desaster. Sechs Tage vor der WM führen die Gespräche zu keinem Ergebnis. Vier Tage vorher palavert man die ganze Nacht, ohne zu einem Übereinkommen zu gelangen. Am dritten Tag vor dem Beginn der Weltmeisterschaft bleibt der Himmel leer.

Das Land verliert unterdessen nicht den Mut. Man schafft das schon. Die Eisenbahngesellschaft SNCF unternimmt alle erdenklichen Anstrengungen, und ausländische Gesellschaften bieten ihre Unterstützung an. Das Fest findet statt, koste es was es wolle. Man gibt nicht auf. In diesen Stunden zeigt sich der gute Wille. Die Regierung bleibt standhaft. Überall halten die Menschen zusammen. Blau, weiß, rot, die Wette gilt.

Am 9. Juni, am Morgen des Eröffnungsspiels Brasilien-Schottland im Stade de France, beendet die Piloten-Gewerkschaft schließlich den Streik. Das war ganz schön knapp.

So verlassen wir die Flughäfen und Verhandlungsräume, schweifen über die Felder und Berge, die Städte, die Dörfer, folgen den Straßen, entlang der A 10 in Richtung Bordeaux, halten an der Zahlstelle Doudan, erste rechts Richtung Saint-Arnoult-en-Yvelines, immer geradeaus bis Clairefontaine. Oben auf dem Hügel befindet sich das Trainingslager, in dem sich die Hoffnung Frankreichs im sogenannten »Sportix«-Center verschanzt.

Schranken und Sicherheitsbedienstete blockieren den Eingang. Die Journalisten treten von einem Bein auf das andere und erwarten die Pressemitteilungen. Schaulustige werden effizient vertrieben, nur wenige autorisierte Fahrzeuge dürfen passieren.
Enttäuscht fahren die übrigen wieder den Abhang hinunter. Sie werden unten einige am Eingang aufgeschnappte Neuigkeiten verkünden, aufgebauscht durch eigene Erzählungen. Da oben herrscht Angst. Die Spieler trainieren quasi vierundzwanzig Stunden am Tag, ansonsten schauen sie sich die Videoaufzeichnungen aller Spiele aller WM-Mannschaften an, denen sie begegnen werden. Sie sind in guter Verfassung, aber das ist auch schon alles. Sie sind gestreßt. Ihr Leben ist die Hölle. Sie werden gegen mögliche Angriffe geschützt. Auf dem Gelände befinden sich Hunde und Polizisten der Spezialeinheit.
»Sicher«, amüsiert sich Zidane. »Sie sind verkleidet, um unerkannt zu bleiben. Denkt Ihr, daß wir sie nicht bemerken?«
Er sitzt ein wenig abseits des Schlosses, in dem sich gerade zwei oder drei Fernsehteams aufhalten. Er schaut in die Baumkronen, oberhalb des kleinen Weges, der zum Ausgang führt.
»Heute ist der 10. Juni. Dieses Mal sind meine Freunde und ich dabei ...«
Abends im Stade de France trifft Brasilien im Eröffnungsspiel der WM auf Schottland. Zur Feier des Tages ließ sich Aimé Jaquet die Haare schneiden.
Zidane weiß fast nichts von dem, was die Presse über die französische Mannschaft schreibt: Henri Émile, der Teammanager, bekam Anweisung, keine Zeitung in die Mauern Clairefontai-

nes gelangen zu lassen. So sollen die Spieler vor den Sticheleien und Angriffen geschützt werden.

Kopfschüttelnd würde Zidane auf die Gerüchte reagieren und murmeln: »Was ist das schon …«

Es ist immer dasselbe.

Er stand um 9 Uhr auf. Christophe Dugarry schlief noch. Er ging in den großen Speisesaal im Erdgeschoß, wo Cerealien, Eier, Yoghurt und Früchte angerichtet waren. Aimé Jaquet, der größte Frühaufsteher von allen, war schon seit langem auf. Wenn die meisten den Tag beginnen, hat er schon sein Training hinter sich und mehrere Tassen Kaffee getrunken.

Zidane trank einen Fruchtsaft, dann ging er in den Keller des Schlosses, wo die ehemaligen Heizungsanlagen zu Umkleideräumen umgebaut worden waren, und suchte den Zeugwart.

Er fand ihn weder in den Behandlungsräumen noch in den Kleiderkammern. Es befand sich niemand in den langen weißrot gefliesten Fluren. Nur die dynamischen Schritte des Spielers auf grauem Linoleum waren zu hören.

Er stieß die Tür zur Umkleidekabine auf, die im Halbschatten lag. Im Licht, das durch das einzige, ungeputzte Fenster fiel, sah man die in die Fliesen eingelassenen Plastikstühle, darunter die Schubladen mit den Schuhen. Über jedem Platz ein Namensschild. Der Platz der Nummer 10 ist vom Eingang aus gesehen rechts, neben Dugarrys. Der Aufkleber ist verschwunden: Besucher klauen ihn immer wieder. Es ist der einzige, der gestohlen wird.

Die Duschen waren leer, alle Fernseher aus, die Räume verlassen. Der Zeugwart war nicht in seinem Raum. Zidane rechnete damit, ihn in der Wäscherei zu finden, wo Hosen und Trikots nach den Spielen gewaschen und gepflegt werden. Aber dann klingelte das Handy.

Als er sich meldete, war der Apparat stumm. Er wartete einen Moment, ging dann raus in den Park und rief in Rodez an.
»Zwei Tage ohne meine Familie und sie fehlt mir schon. Wenn sie nicht da sind, bin ich besorgt und beunruhigt. Was ihnen alles passieren könnte. Wenn sie stürzen, sich verletzen ...«
Er geht auf und ab, während er mit Véronique spricht. Sie schildert ihm ihren Vormittag, ihre Pläne für den Tag ... All das kennt er: sie telefonieren mindestens zweimal täglich miteinander. »Wann rufst Du mich wieder an?«, fragt sie, nachdem sie sich einen schönen Tag wünschten.
»Vor dem Mittagessen.«
Sie schmunzelt.
»Du weißt genau, daß wir uns schon fast alles erzählt haben.«
»Das ist mir egal. Ich muß Dich hören. Muß wissen, wie es Euch geht.«
Gegen 10.30 Uhr, nachdem die letzten Langschläfer aufgestanden waren, versammelten sich alle für einen Fototermin mit den Sponsoren. Dann hat Aimé Jacquet das Wort bei der allmorgendlichen Besprechung. Bis jetzt erschienen die gestreßten und angespannten Spieler der französischen Nationalelf eher wie Pennäler, die glücklich miteinander lebten und sich amüsierten.
Werden die Regeln, die Jaquet aufstellte, nicht befolgt, folgt die Strafe auf dem Fuße: wer bei Tisch liest, zu spät zu den Mannschaftsbesprechungen erscheint, seinem Nachbarn Alkohol einschenkt, das Handy unendlich lange klingeln läßt, erhält eine Strafe in Höhe von fünfhundert oder tausend Francs. Weniger, um ein Exempel zu statuieren, als zur allgemeinen Erheiterung.
Diese Hautevolee-Spieler werden im Beisein des Trainers zu emsigen Schülern. Sie sitzen Aimé gegenüber. Dieser steht vor einer Tafel mit weißen Blättern. Ein Lehrer. Er beschreibt die

Gegner der Blauen, er kommentiert die gezeigten Videos ... Er verbrachte die letzten Tage damit, die Spiele der südafrikanischen und der saudiarabischen Mannschaft anzusehen. Er beschäftigte sich auch mit Spanien und Nigeria, für den Fall, daß die Franzosen das Achtelfinale erreichen.

»Wenn jemand etwas zu sagen hat, kann er sprechen, und es ist gut. Das schweißt die Gruppe zusammen«, bestätigt Zidane, sofort präzisierend: »Ich möchte nichts mit mir herumtragen. Ich sage die Dinge, wie sie sind.«

Trotzdem äußert er sich selten. Aber er hört zu. Jaquet verlangt von seinen Spielern, daß sie auf dem Feld eine Einheit bilden, sich ein Ziel stecken, immer solidarisch sind. Er spricht zu den Spielern wie zu Kindern. Er beharrt, bringt es auf den Punkt. Er sagt: »Fußball ist einfach.«

Er murrt auch. Bis der Lehrer den Platz für den medizinischen Betreuer freimacht, hagelt es Belehrungen.

Zu dem einen: »Sprich auf dem Spielfeld, nicht mit den Journalisten.«

Zu dem anderen: »Dir fehlt die Konzentration.«

Zu Zidane: »Im Moment übertreibst du. Fünfzigtausend Leute, die dir ›Zidane‹ zuriefen in Marokko, das hat dir den Kopf verdreht.«

»Stimmt nicht«, sagt sich Zidane. Aber er bleibt ruhig und wartet auf mehr.

Aber als nächstes ist Andreé Bisson, der Küchenchef, an der Reihe.

Für einige Wochen hat der Gastwirt sein Lokal in Rambouillet verlassen, um sich ganz und gar der Sache der französischen Nationalelf zu verschreiben. Er begleitet die Blauen überall hin. Wenn es in einem Land Versorgungsengpässe gibt, kauft Bisson vor der Abreise ein. Das Flugzeug, mit dem die Mannschaft reist, transportiert auch seine Ausrüstung und die Vorräte.

Sie stürzen sich auf das Essen. Zidane ebenso schnell wie die anderen. Jeder wählt am Buffet nach seinen Vorlieben aus. Zidane mag keine Karotten. Lilian Thuram ißt direkt aus einer großen Salatschüssel …

»Das Essen ist sehr wichtig. Hier finden wir besser zusammen als irgendwo anders …«

Das sieht man. Das hört man. Die ganze Mannschaft ist in dem Speisesaal im Erdgeschoß des Schlosses versammelt. Die Spieler sitzen auf angestammten Plätzen, auf Hochlehnstühlen, an einem riesigen ovalen Tisch. Zidane sitzt vor dem Kamin, gegenüber dem großen Spiegel, neben Dugarry.

Gelächter ist zu hören, ebenso Witze. Deschamps und Duga albern herum, so wie damals Platini. Die Spieler nehmen sich gegenseitig auf dem Arm, aber niemand ärgert Zidane. Niemals.

»Ich weiß nicht, warum. Ich mag Witze ebensogern wie meine Freunde. Sie zu machen oder daß man welche über mich macht …«

Warum? Weil er einem allen Respekt abverlangt. Weil seine Position des Spielmachers ihn jenseits aller Zankereien stellt. Er verliert nie ganz und gar diese Zurückhaltung, die ihn im Leben – nicht auf dem Spielfeld – daran hindert, ein Anführer zu sein.

Er lacht eher, als daß er andere zum Lachen bringt.

Er ißt schweigend.

Die ersten Spiele stehen bevor und die Menüzusammenstellung hat sich verändert: Das Fleisch und der Fisch der letzten Tage wurden durch Meeresfrüchte- oder Champignon-Paté ersetzt. Es gibt weniger Gemüse und Kohlenhydrate, dafür mehr Proteine. Die schwer zu verarbeitenden Zucker bleiben weg. Es ist Zeit für Auberginen und gefüllte Paprika.

»Alkohol?«

»Kein Alkohol.«

Ein kleines Lächeln, wie zur Entschuldigung: »Nur Wein. Und jeder nimmt sich selbst. Das verhindert Maßlosigkeit.«
Ein halbes Glas der Form halber, ein dreiviertel Glas zum Vergnügen, ein Glas zur Siesta nach dem Essen.
»Ganz wichtig, die Siesta«, merkt Zidane an.
Er verläßt den Speisesaal, nimmt die Treppe hinter dem Empfang, öffnet eine Tür und betritt den Flur mit den Schlafzimmern. Den Teppich ziert ein blau-weiß-rot-gestreifter Hahn. Hier herrscht ein ruhiges Halbdunkel vor, wie in einem altmodischen Provinzhotel.
Deschamps und Desailly wohnen in Nummer 24, Blanc in Nummer 20, Djorkaeff in 21, Barthez in 22. Zidane und Dugarry bewohnen das Zimmer 23, ein altes Boudoir. Es ist ein großes Zimmer mit sehr hohen Decken, Badezimmer, zwei Waschbecken, modern möbliert, Kamin, Fernseher.
Zidane öffnet die Fenster, macht einen Schritt auf den kleinen steinernen Balkon und betrachtet das weiter unten gelegene, überdachte Stadion. An diesem Tag ist das Schloß voller Menschen: etwa dreißig Personen, die sich in den Zimmern, im Park, im Salon im Erdgeschoß tummeln oder an der Bar etwas trinken. Im Flur tanzt Thuram herum. Deschamps und Desailly sind auf Deschamps Zimmer, der Faxen macht, Desailly stürzt sich auf eine Ausgabe der *L'Équipe*, die er gegen *France Football* eingetauscht hatte, die wiederum Lama irgendwo gefunden hatte.
Zidane streckt sich auf seinem Bett aus. Er nimmt die Ohrhörer seines Walkmans: »Zur Zeit höre ich immer die Duo-Partien von Pavarotti mit Boccelli …«
Dugarry betritt das Zimmer und legt sich sofort schlafen. Zidane schläft als erster ein. Er wacht lange vor seinem Freund auf und steht leise auf, nimmt seine Schuhe, öffnet vorsichtig die Zimmertür und schließt sie lautlos. Auf dem Flur kann er

reden: »Wenn Sie Dugarry während seiner Siesta wecken, macht er einen Skandal. Für den Rest des Tages! Die Ruhepause ist ihm heilig.«

Da ist es besser, nach unten zu gehen.

Physiotherapie oder Fernsehen steht zur Auswahl.

»Eher Fernsehen. Die Massagen mag ich nicht so …«

Oder aber er ruft in Rodez an. Aber heute hat der Pförtner eine Abordnung des Zolls durchgelassen, die an den Grenzen beschlagnahmte, gefälschte Nationaltrikots mitgebracht hatte. Die zweiundzwanzig ausgeruhten Spieler wurden dann von Journalisten auf dem Trainingsplatz beobachtet.

»Wir haben eine gute Figur gemacht. Wir hatten auf jeden Fall keine andere Wahl …«

Nach einer Übereinkunft mit der FIFA müssen die Spieler an einigen bestimmten Tagen im Beisein der Presse trainieren.

»Wir haben alles gegeben …«

Sie spielten das Stierkampf-Spiel – ein Spieler in der Mitte versucht, den Ball zu bekommen, den die anderen, die im Kreis um ihn herum stehen, einander zuspielen. Dann liefen sie zur allergrößten Freude der Beobachter durch das Unterholz von Clairefontaine. Die roten und gelben Flecken der von Opel und Canal+ gesponserten Hemden leuchteten im Sonnenschein. Zidane, Ellenbogen am Körper, ließ es langsam angehen: »Wenn man zu schnell alles gibt, wird das Training zu kräftezehrend. Es gibt gute und weniger gute Tage …« Dieser Tag war so làlà.

Als die Journalisten fort waren, auf dem Weg zum Stade de France, um nichts von der Eröffnungszeremonie zu verpassen, begann das richtige Training. Die Stürmer blieben bei Aimé Jaquet. Co-Trainer Roger Lemerre kümmerte sich um die Verteidiger und die Mittelfeldspieler. Als in Saint-Denis der Schiedsrichter das erste Spiel der WM anpfiff, trainierten die

Blauen noch: Aimé Jaquet wollte die regelmäßigen Trainingseinheiten der Mannschaft auf keinen Fall ändern.

Abends rief Zidane in Rodez an. Dann sprach er mit seinen Eltern in Marseille. Er sagte ihnen, daß er sich ruhig, voller Selbstvertrauen fühle: »Vielleicht wegen der Mannschaft. Ich habe Freunde wiedergefunden … Es ist schöner als sonst …«

Er ist glücklich. Die schlechten Erinnerungen an die Champions League haben sich in den Bäumen Clairefontaines verloren.

»Normalerweise hat man nach einer Woche schon ein bißchen die Nase voll. Man langweilt sich und möchte nach Hause. Dieses Mal nicht.«

Die Sonne zeigt sich über dem Park. Zidane beschattet mit einer Hand die Augen und schaut gegen die Sonne. Er sucht den Horizont. Er läuft auf und ab, während er mit seinem Vater spricht.

»Wir leben wie die Einsiedler, wir gehen nicht aus, bekommen keinen Besuch, und niemanden stört es. Die Stimmung ist außerordentlich gut. Wir halten richtig zusammen. Irgendwas entsteht zwischen uns.«

Er wirft einen Kieselstein, sieht ihn springen, steckt eine Hand in die Hosentasche. Übermorgen bestreitet er eines der wichtigsten Spiele seiner Karriere, aber Unruhe überkommt ihn nicht.

Während er ernst und zurückhaltend mit den Eltern telefoniert, erheben sich achtzigtausend Zuschauer von den Sitzen im Stade de France. Auf eine Ecke von Bebeto schoß Caesar Sampaio das erste Tor der sechzehnten Fußballweltmeisterschaft.

Donnerstag, 11. Juni 1998

Für Marseille beginnt die WM nicht am 10. Juni sondern am 12., wenn die Blauen dort auf die Mannschaft Südafrikas treffen.

Marseilles Herz schlägt natürlich französisch und freut sich auf den einen Spieler, das Kind der Stadt, das zu früh ging, das heute zurückkehrt: Zinédine Zidane. Man liebt ihn. Alle Kinder aus den Nord-Vierteln kennen seinen Namen, seine Geschichte, wissen, wie er aussieht. Er ist unantastbar: er steht über den Dingen, ist unerreichbar und bleibt eine Hoffnung, ein Traum.

Im Süden Marseilles verehrt man ihn ebenso. Man sieht ihn von weitem, sooft man in Richtung Corniche fährt, zwölf mal sieben Meter groß, wie ein Wächter steht sein Abbild an einer Mauer über dem Hafen. Sein Gesicht gehört Marseille.

Für die Stadt ist einzig Zidane von Bedeutung. Und seit dem Spiel gegen Finnland die einzige Sorge der Menschen.

Jeder stellt sich dieselbe Frage: »Wie geht es seinem Bein?« Denn in Marseille ist eine Muskelzerrung gleichbedeutend mit einem Krebsgeschwür, eine Zerrung schlimmer als eine Amputation und eine Verstauchung bedeutet den Tod. Seit vier Tagen wird die Stadt von der Presse maltraitiert. Die Journalisten sind Wahrsager, die Ärzte Zauberer. Aber die gute Neuigkeit kam am Morgen. Seitdem sind alle beruhigt: Zizou hat keine Schmerzen mehr.

Um sein Spiel besser verfolgen und applaudieren zu können, um ihn zu ehren, wie er es verdient, hat die Stadt riesige Leinwände aufgestellt, auf die das lang ersehnte Spiel übertragen wird. Zidane in Großbildformat, in Farbe, überall, vom Château d'If bis zur Canebière, vom Prado bis zur Notre-Dame-de-la-Garde. Man erwartet ihn – nur ihn.

Die Augen des Helden, der Clairefontaine frühmorgens im Bus verläßt, haben die Farbe seiner Stadt. Grün-Mediterran.
Er kehrt zurück.
Er träumt davon.
Die Bilder überschlagen sich in seinem Kopf. Die heutigen, die gut und gerne die vergangener Tage sein könnten: Ein Bus auf dem Weg zum Flughafen, von wo aus die Mannschaft in eine ferne Stadt fliegt; vertraute Gesichter; gewohnte Landschaften. Der Bus ist in den WM-Farben geschmückt. Wenn Zidane hinausschaut, sieht er beim Linksabbiegen auf die Autobahn eine Polizei-Eskorte auf Motorrädern, die die Mannschaft begleitet. Es ist wie in Italien, wenn die Spieler von JuventusTurin reisen: die Spieler haben keinen Kontakt mehr zur Außenwelt. Der Sicherheitsdienst schirmt die Mannschaft ab und beschützt sie. Die Fans werden auf Distanz gehalten. Sie überholen hupend, Hände erscheinen hinter Windschutzscheiben, aber der Bus schlängelt sich durch und verschwindet, verfolgt von Gehupe und Pfiffen.
Zidane schweigt wie alle anderen. Die Erholungspause ist beendet. Eine Woge der Erwartung stieg in den letzten Tagen nach und nach auf, und sie umhüllt die Straße, die folgenden Fahrzeuge, die Hinweisschilder zum Flughafen, der sich wie das Spiel nähert. Sie sind in ihrem Bann. Der Countdown läuft.
Morgen.
Marseille.
Vélodrome-Stadion.

Zidane denkt an seine Stadt, wie an eine große Schwester, auf deren Wiedersehen er sich freut. Er hat sie sehr früh verlassen, aber niemals daran gezweifelt, zurückzukehren.
»Meine Wurzeln sind dort. Wenn ich an Marseille denke, sehe ich die Sonne, das Meer, meine Kumpel, das Viertel.«

Kürzlich bestritt er zwei wichtige Spiele: gegen Norwegen im Februar und am 4. Dezember 1997 um die Teilnahme an der WM. Jetzt wird er die Farben der französischen Nationalelf für die größte Trophäe, die man erringen kann, verteidigen. Die Chance, auf die alle seit zwölf Jahren hoffen, seit Mexiko 1986, als Frankreich WM-Dritter wurde.

»Das ist gewaltig«, denkt er. »Das ist außergewöhnlich …«

Eine Erinnerung kommt hoch. Dann andere, alle auf einmal. Er sortiert sie nach und nach:

Das Vélodrome-Stadion.

»Ich war klein … Ich verbrachte meine Sonntagnachmittage im Vel'.«

Mit schwarzem Haarschopf, der ihm bis zu den Augenbrauen ging, die Ohren schön frei, strahlende Augen, das rote Trikot eines Fußballclubs, der damals von »JCM, Elektrik, Heizung« gesponsert wurde. Er verglich ihn oft mit Olympique Marseille.

»Olympique Marseille bleibt immer die Nummer eins in meinem Herzen.«

In sein Jungenherz hatte er einen dunklen Mann mit braunen Augen geschlossen, den er verehrte und der in Marseille spielte. Die Wände seines Zimmers waren übersät mit seinen Postern. Viel später wird Zizou ihn gebührend ehren.

»Enzo Francescoli … Der offensive Mittelfeldspieler aus Uruguay, der für Marseille spielte. Für mich war er der beste Fußballspieler der Welt. Ich hätte alles gegeben, um sein Trikot zu bekommen …«

Er nickte und lächelte listig.

»Ich hab's bekommen. Im Dezember 1996, auf dem Rasen des Nationalstadions in Tokio. Ich war erst seit vier Monaten in Turin. Juventus spielte im Interkontinental-Cup-Finale gegen River Plate. Mein Idol stand mir gegenüber. Auf der Gegenseite.

Das ist ein merkwürdiges Gefühl. Man begreift dann, daß man erwachsen ist. Man ist nicht mehr in seinem Zimmer mit den Postern oder auf der Tribüne eines Stadions. Man ist auf dem Rasen, ganz direkt, mit einem Ball, den man einem Spieler, den man schon immer verehrte, abnehmen muß und den man schlagen muß. Komische Sache …«

Juventus brachte den Pokal nach Hause. Enzo Francescoli war traurig. Zinédine Zidane ging zu ihm. Er sagte ihm, daß er ihn seit seiner Kindheit verehre und daß er seinen Sohn nach ihm Enzo genannt habe. Nun wurde sein Traum war: Enzo Francescoli zog sein Trikot aus und gab es demjenigen, der ihn gerade geschlagen hatte.

»Heute sind wir Freunde …«

Francescoli seinerseits lobt den Spielmacher der französischen Elf. Er sieht in ihm einen Teufelskerl. Er ist fasziniert von seinen Möglichkeiten, den Gegner auszuspielen. Der weiß niemals, was als nächstes mit dem Ball passieren wird … Er kann sich diese unglaubliche Zauberei, die mehr als einen Gegenspieler durcheinanderbringt, nicht erklären: Der Ball scheint an seinem Fuß zu kleben, er streichelt ihn, schaut ihn nicht einmal an, um ihn zu führen. Francescoli bewundert die Großzügigkeit der 10 von Juventus, die niemals eigennützig handelt, sondern immer das Zusammenspiel sucht.

»So etwas ist unterstes Niveau«, murmelt Zidane.

Er verweilt in seinen Erinnerungen. Frankreich – Portugal, 23. Juni 1984, an seinem 12. Geburtstag. Unter gleißender Sonne spielt Frankreich gegen Portugal im Vélodrome-Stadion im Halbfinale der Europameisterschaft. Platini schießt ein Tor. Er trägt die Nummer 10.

Zwei Jahre später, 21. Juni 1986. In Guadalajara gleicht Platini an seinem einunddreißigsten Geburtstag gegen Brasilien aus. Am 23. wird Zidane 14 Jahre alt. Seine Brüder und er fallen sich in die Arme. Sie verlassen das elterliche Haus und feiern mit ihren Freunden in den Nord-Vierteln von Marseille.

Morgen, denkt er, bin ich dran. Und meine Freunde werden da sein.
Er setzte alle Hebel in Bewegung, um fünfzehn Plätze für seine Freunde reservieren zu lassen. Sie schauen ihm selbstverständlich zu. Und Véronique. Und Enzo. Und sechzigtausend verrückte Fans. Und Frankreich. Und die ganze Welt. Die Nummer 10, das ist er.
Nach der Begegnung Frankreich – Portugal hatte Marseille bengalische Feuer für Platini entzündet. Was würde die Stadt 14 Jahre später tun?

Im Flugzeug, das die französische Nationalelf zu ihrem ersten Spiel bringt, lesen die einen, hören die anderen Musik, Zidane spielt Karten. Zwischen Pik-Bube und Kreuz-Dame erscheint das Gesicht Masingas, der am nächsten Tag die Farben Südafrikas verteidigen wird. Zidane weiß, daß er auf ihn aufpassen muß. Die beiden Männer standen sich schon in der italienischen Meisterschaft gegenüber, der eine für Bari, der andere für Turin. Masinga ist kraftvoll und stämmig. Aimé Jacquet erinnerte ihn morgens nochmals daran. Aimé Jacquet, der sich die Hände reibt, weil die Anspannung steigt. Nicht wegen der Wartezeit, aber wegen des Spiels. Und als das Flugzeug zur Landung auf dem Flugfeld von Marignane ansetzt, frohlockt der Trainer. Weit davon entfernt, den Spielern gegenüber gleichgültig zu sein, wünscht der Pilot ihnen alles Gute, ein gutes Spiel ... und ein erfolgreiches Finale.
Die Zeichen sind gesetzt.
Sie werden im »Moulin de Vernègues« erwartet, einem Hotel in Mallemort, zwischen Salon und Arles gelegen, das sie zum

Mittagessen erreichen. Es ist sonnig und der Mistral weht. Sie essen auf der Terrasse und werden von den anderen Gästen aus der Entfernung beobachtet. Der Sicherheitsdienst achtet darauf, etwaigen Kontakt zu verhindern.

Zidane, in grünem Polo-Shirt und weißer Weste, grüßt kurz. Alle fragen sich, wie die endgültige Mannschaftsaufstellung aussehen wird: Aimé Jacquet machte bislang ein Geheimnis daraus.

Am Nachmittag überfliegen acht Flugzeuge des französischen Militärs in einer makellosen Tricolore-Formation das Hotel: ein Gruß an die französische Elf. Zidane sieht sie nicht, er liegt im selben Augenblick ausgestreckt in einem Raum im Erdgeschoß, unter den Händen von Philippe Boixel, dem Mann in Weiß und Arzt und Physiotherapeuten der Mannschaft.

»Ein klasse Typ. Er ist unglaublich begabt, und er gibt niemals damit an …«

Eine Kamera taucht auf und entdeckt den Spieler. Er ist einen Moment lang verärgert, hat sich aber schnell wieder unter Kontrolle.

Mit nacktem Oberkörper auf dem Rücken liegend erhellt ein Lächeln sein Gesicht. Er sagt: »Nicht schlecht, der Typ, oder?« Und ergänzt: »Darüber spricht man besser nicht.«

Scheinbar ein beiläufiger Scherz, aber es handelt sich um ein Eingeständnis. Eine Art Bekenntnis. Und, damit man ihn versteht, fügt Zidane hinzu: »Man sollte nicht mit ihm darüber sprechen.«

Danach ist er still, schließt die Augen, ist nicht mehr da. Wer genau zugehört hat, weiß, daß er etwas ihm wohlvertrautes ausdrücken wollte: schließt jemand eine Tür, um niemanden hineinzulassen oder um sich selbst nicht hinauszulassen?

Freitag, 12. Juni 1998

Aimé Jacquets Stimme verliert sich in dem alten Aufenthaltsraum des Hotels. Er hat seine Spieler um sich versammelt, um einer aufmerksamen Klasse eine letzte Lektion zu erteilen. Er steht zwischen zwei Tafeln, auf denen er die Aufstellung der südafrikanischen Mannschaft dargestellt hat.

»Die große Chance«, sagt er, »liegt darin, hier zu spielen. In Marseille.«

Mit zusammengebissen Zähnen, weiß gekleidet und schlecht rasiert, hört Zidane zu.

»Zu gewinnen bedeutet, die Mentalität, die Einigkeit, die Größe zu besitzen. Wir werden siegen. Das kommt nicht von allein. Wir werden alles geben.«

Zidane denkt, daß alle Voraussetzungen für einen großen Sieg gegeben sind. Er wüßte nicht, wie diese erste Begegnung für die Mannschaft mit einer Niederlage enden sollte. Auch wenn die aufgestellten Spieler in der letzten Trainingseinheit von den Ersatzspielern ausgespielt wurden. »Wir waren ein bißchen schlapp. Vielleicht wegen dem Mistral …«

Aimés Stimme holt ihn aus seinen Gedanken zurück: »… wir müssen Druck machen. Den anderen keine Ruhe gönnen, sie nervös machen und verunsichern, damit sie Fehler machen.«

Die Last liegt nicht allein auf seinen Schultern. Natürlich nicht. Das Spiel wird von zweiundzwanzig Fußballern gespielt und entschieden. Er wird alles geben, aber die anderen auch. Er glaubt an den Sieg. Es ist eine Herausforderung. Die sie bestehen werden.

»Heute abend«, schlußfolgert Aimé Jacquet, »schreiben wir Geschichte.« Er schaut die Spieler an und wiederholt: »Ja, um 21 Uhr schreiben wir Geschichte.«

Ein Gedanke kommt Zidane in den Sinn. Heute abend werde ich stolz sein, Franzose zu sein.

Einige Stunden später in dem Bus, der die Mannschaft zum Stadion bringt, denkt er an nichts anderes als an das Spiel. Er sitzt hinten und hört nun Faudel statt Pavarotti. Vorne hört Lizarazu klassische Musik, Leboef liest, Thierry Henry schlägt den Takt. Zidane hält eine Zeitung in den Händen. Er liest nicht, sondern sitzt angespannt und mit gesenktem Kopf da.
»Dieses Mal bin ich besorgt. Nicht zu sehr, aber trotzdem …«
Er bemerkt nicht die Fans, die den Bus hupend auf der Autobahn überholen. Nicht die lauten Rufe, als sie die Stadt durchqueren. Nicht die vielen Menschen, die auf Straßenschilder, Bäume und Bänke geklettert sind, um besser sehen und applaudieren zu können …
Wie alle anderen weiß Zidane, daß dieses erste Spiel entscheidend ist. Sie müssen es um jeden Preis gewinnen. Viel später wird er sagen: »Von allen Begegnungen war hier die Spannung am größten. Viel größer als im Finale. Weil wir uns im Finale stark fühlten. Als wir in Marseille ankamen, wußten wir noch nicht genau, wo die Mannschaft steht. Wir mußten so gut wie möglich in die WM gehen.«
Um 19.15 Uhr fährt der Bus langsam durch eine Menschenmenge: sie haben das Vélodrome-Stadion erreicht.
»Man hat das Stadion seit meiner Kindheit renoviert, aber für mich hat es sich kaum verändert. Natürlich war ich kaum hinter den Kulissen.«
Heute ist er es.
»Ich dachte nie, daß ich eines Tages die Umkleidekabinen von Olympique Marseille betreten würde.«
Nun geht er eben dort hin.
»Ich wollte immer wissen, wie es hier ausschaut …«
Linker Hand befindet sich ein Raum, der für die Ärzte und Physiotherapeuten der Mannschaft bestimmt ist. Rechts ein kleines Refugium für Aimé Jacquet. Die Spieler bleiben im

mittleren Teil und durchstöbern die Trikots und die Ausrüstung.
»Bis 20.15 Uhr können wir tun, was wir wollen. Ich mache drinnen meine Ballübungen ...«
Ebenso hält es Laurent Blanc in den leeren Gemeinschaftsduschen. Didier Deschamps und Thierry Henry lassen sich massieren. Aimé Jacquet ist in seine Notizen vertieft.
Fabien Barthez geht auf das Spielfeld und trainiert mit den Ersatztorhütern. Der Mistral spielt gegen ihn. Sechs Bälle fliegen hoch in die Luft und verschwinden in den Weiten des Stadions. Die Mannschaft stößt zu ihm. Die Spieler prüfen den Rasen und wählen die Stollen. Dann geht es wieder in die Katakomben zurück. Das Warten beginnt. Irgendwo hier, in anderen Umkleideräumen, bereitet sich auch die südafrikanische Mannschaft vor. Man hört sie singen.
»Ich beschäftige mich niemals mit den Spielern der gegnerischen Mannschaft. Ich denke nur an mich und meine zehn Kameraden. An das Spiel. An uns ... Unsere Kraft ist da: sie steckt in uns selbst.«
Eine Fernsehkamera läuft. Zidane meidet sie sorgfältig. Er dreht nicht das Objektiv weg, er verlangt nicht, daß man ihn in Ruhe läßt: er entfernt sich und wendet sich einer Mauer zu. Nähert man sich, senkt er den Kopf. Von allen Spielern ist er der unauffälligste. Wenn er könnte, würde er sich unsichtbar machen.
»Ich mag das nicht, das ist alles.«
Er öffnet eine Wasserflasche und trinkt einen großen Schluck. Die Bälle schlagen im Castagnetten-Rhythmus um ihn herum gegen die Mauern und Torpfosten. Das ist das Herz der Spieler: es schlägt im Rhythmus ihrer Füße – der Takt der Wartezeit.
Und dann beeilen sich plötzlich alle. Deschamps als Mannschaftskapitän erteilt jedem letzte Anweisungen.

Zidane zieht sich ebenso wie alle anderen um. Weiße Hose, blaues Trikot. Die Schuhe werden geschnürt. Zu Platinis Zeiten mußten die Spieler vor den internationalen Begegnungen die drei Adidas-Streifen mit frischer Farbe nachmalen. Das ist lange her.
Aimé Jacquet schaut noch mal in die Runde. Er gibt letzte Anweisungen, von Deschamps unterstützt. Zidane stellt sich neben Dugarry. Dann ist vom Flur der Pfiff des Schiedsrichters zu hören.
Der Tag X, Stunde null.
Die Elf gehen hinaus. Sie geben sich die Hände, manche umarmen sich. Christophe Dugarry murmelt mit feuchten Augen: »Das ist es – wir sind in der WM!« Er ist glücklich. Aber Zidane, der ihn so gut und so lange kennt, weiß, daß etwas diese Freude trübt: Dugarry weiß noch nicht, ob er spielen wird, er ist nur Auswechselspieler.
Es ist keine Zeit mehr für ein paar Worte. Die französische Nationalelf marschiert über den Flur in Richtung Spielfeld. Mit gewichtigem Schritt. Von weitem hört man einen immer lauter werdenden Gesang – die südafrikanische Nationalelf. Zidane beachtet sie nicht.
»Eigentlich fand ich das Klasse, daß sie uns mit Musik empfingen. Aber in dem Augenblick habe ich das gar nicht wahrgenommen. Ich bereitete mich auf das Spiel vor. Der Rest zählte nicht.«
Sie gehen zum Spielfeld, eine kleine Treppe hinauf, einen Flur entlang und betreten auf Höhe der Nordtribüne das Stadion. Die französische Nationalelf überholt die südafrikanische Mannschaft. Auf den Tribünen werden die Rufe lauter. Fahnen wehen im starken Südwind. Ein kunterbuntes Fahnenmeer, mit grünen und gelben, vielen Fahnen, blaue, weiße, rote, die sich über den ausgelassenen Zuschauern im Wind bewegen.

Die blau-weiß-rote Trikolore ist überall zu sehen: Masken, Perücken, Federn, Poster … Und in der ersten Reihe warten große Teleobjektive der Fernsehsender und Journalisten auf die Spieler. Die Welt ist hier. Die ganze Welt …

Zidane umarmt Dugarry.

»Ich bin nicht abergläubisch. Aber immer, wenn ich das Spielfeld betrete, denke ich an meine Frau.«

Er sieht sie nicht. Auch nicht die Eltern oder Freunde. Niemanden. Eine große, sich bewegende, warme Woge von Menschen beeindruckt ihn nicht, er nimmt sie kaum wahr. Er weiß nur, daß der Mistral nicht aufgehört und daß der Wind die Temperatur abgekühlt hat. Er weiß auch, daß es 21 Uhr ist, minus zweier Nationalhymnen.

Zuerst Südafrika, dann Frankreich. Die elf Spieler haben sich untergehakt, stehen ganz aufrecht, um die *Marseillaise* zu hören. Laurent Blanc singt aus ganzem Herzen; Emmanuel Petit mit der Hand auf der Brust; Thierry Henry mit geschlossenen Augen; Lilian Thuram mit lauter und donnernder Stimme.

»Thuthu und die Marseillaise, das ist ein Schauspiel …«

Zidane läßt sich nichts anmerken. Mit festem Blick und gerunzelter Stirn bleibt er unbewegt gegenüber dem brodelnden Stadion. Die *Marseillaise* in Marseille. Eine Handvoll Spieler auf dem Rasen. Die Menschenmenge in und außerhalb des Stadions … Und die Nummer 10, unbewegt, mit geschlossenen Lippen.

Singt er mit?

»Ja. Für mich. Das muß niemand sehen können.«

Er ist, was er zeigt, und nur das, vor sechzigtausend nach ihm rufenden Fans. Er ist Zinédine Zidane, Fußballer. Nichts anderes. Er muß niemandem etwas beweisen, nur sich selbst.

Die Schweigsamkeit in Person.

Stade Vélodrome, 21 Uhr

Der Schiedsrichter ist Brasilianer. Als der Mistral mit Böen von 120 km/h Spitzengeschwindigkeit über den Rasen fegt, pfeift er das Spiel an.

Das Spiel beginnt mit einem Tempo, als wolle der Wind die Spieler vorantreiben, den Ball, die auf den Tribünen versammelte Menschenmenge, die bunten, wild im Wind wehenden Fahnen. Zidane scheint vom Wind getragen, geschoben zu werden: er ist überall auf dem Spielfeld zu finden.

»Meine Aufgabe verpflichtet mich, praktisch immer in Ballkontakt zu sein. Ich bin da, wo der Ball ist, meistens im Mittelfeld. Ich muß ihn holen, Pässe spielen, da sein, wenn es eng wird. Das ist sehr anstrengend …«

Nur zwei Minuten nach dem Anpfiff schießt Stéphane Guivarc'h aus fünfundzwanzig Metern Torentfernung den ersten Freistoß, nachdem er von einem Grün-Gelben angerempelt wurde. Daneben. Dann hat Thuram den Ball, Djorkaeff, Thierry Henry, dann Zidane: Ball am rechten Fuß, großer Schritt, noch mal rechts, auf den linken Fuß, Drehung, zurück auf den rechten Fuß, antäuschen, zaubern, Zidane zielt, Zidane schießt daneben: der Wind hat ihm übel mitgespielt.

»Und normalerweise habe ich bis zwanzig Meter vor dem Tor den Überblick. Danach wird es schwieriger. Ich spiele vor allem Pässe, suche die beste Chance …«

Die Südafrikaner versuchen, ihr Spiel aufzubauen. Thierry Henry greift an und die Menge heult auf. Der Applaus gibt den Blauen Kraft.

Noch mal Zidane. Den Ball vor sich, läuft er los. Fish, Nummer 5, kommt auf ihn zu, foult ihn, und der Spielmacher stolpert und verliert den Ball erst aus den Augen, als er mit dem Ellenbogen voran auf die Seite rollt und auf den Rücken fällt.

Der Wind bläht die Trikots auf, wirbelt Papierstückchen über das Feld, verwischt die Stimmen der Zuschauer, die Songs der französischen Rapper IAM singen. Zidane sieht nicht die Kinder, die wie er früher in der Nordkurve unter der Spielanzeige sitzen. Selbst wenn er sie sähe, würde er jetzt nicht daran denken.

»Ich denke nur an das Spiel. Das ist das einzige was zählt. Was wir tun, was wir als nächstes tun werden. Selbst auf dem Spielfeld interessiert mich die gegnerische Mannschaft nicht. Ich muß auf meine innere Stimme hören. Dann kann mich niemand schlagen.«

Freistoß.

Er bereitet sich vor: er wird schießen. Er wägt ab, nimmt Maß, geht zurück, beginnt den Anlauf mit rechts, ein Schritt, ein zweiter, ein kurzes Antäuschen, Schuß. Der Ball fliegt. Zidane beobachtet kurz den Schuß, dreht sich dann um und läuft zur Mittellinie zurück.

»Ich habe einen Fehler gemacht. Wegen des Mistrals. Ich hätte den Schuß etwas höher ansetzen, etwas schwächer schießen müssen …«

Enttäuscht und verbittert schaut er sich um. Vonk, der Torwart der Südafrikaner, gibt den Ball in die Mitte. Lizarazu läuft los. Petit wird angerempelt. Deschamps kann sich befreien und gibt ab an Zidane. In der zwanzigsten Minute bricht Guivarc'h zusammen. Er verläßt das Feld. Auf der Bank wird er von den Ärzten untersucht, während die Ersatzspieler warten.

Die Nummer 21 macht sich bereit. Er hatte keine Zeit, sich aufzuwärmen. Er bindet seine Hose zu, schaut auf das Spielfeld und läuft mit angewinkelten Armen und kleinen Schritten los.

»Das ist mein Kumpel. Dugarry …«

Zidane schaut ihn an. Paßt auf den Kopf von Desailly. Augustine greift an, Petit wirft sich, mit den Füßen voraus, gegen den südafrikanischen Angreifer, fällt mit ihm, steht wieder auf.

Pfiff.
Der Schiedsrichter geht auf den Franzosen zu: gelbe Karte.
Ball an Zidane, kurz vor dem Anstoßkreis. Er läuft mit ausladenden Schritten, den Ball einmal mit dem linken, einmal mit dem rechten Fuß nehmend, innen, außen, verfolgt von drei Südafrikanern.
»Ich sah die 21, Christophe, fünf Meter vor dem Strafraum, in einem grün-gelb-weißen Gemenge. Ich flankte. Der Ball ging durch die gegnerische Abwehr, Christophe nahm ihn genau da an, wo ich es vorgesehen hatte. Vonk kam näher. Zweikampf. Dugarry schoß. Der andere warf sich auf den Boden. Der Ball landete in seinen Armen. Das Publikum pfiff. Ich drehte mich um und rannte zur Mitte.«
Freistoß, ausgeführt von John Moshoeu. Moshoeu trägt die Nummer 10. Vor dem Spiel forderte er sein gegnerisches Pendant heraus: »Zidane wird John Moshoeu noch kennenlernen.« Zidanes Antwort: »Ich erwarte ihn. Kein Problem …«
Ballverlust durch Dugarry.
»Im Stadion wurde er ausgebuht. Das ist schrecklich … Man sollte ihn immer ermutigen … Ich dürfte ihn schon anschreien. Das passiert mir ganz selten und ist nur zum Besten der Mannschaft gemeint. Oder zu seinem Besten …«
Deschamps. Petit. Henry. Ecke, ausgeführt von Djorkaeff, Zidane lauert an der Strafraumlinie. Er holt sich den Ball. Pierre Issa schickt ihn hinter die Torauslinie. Fallend macht Zidane eine Rolle vorwärts, steht wieder auf.
Ecke.
Fünfunddreißigste Minute.
»Wenn ich eine Ecke hereingebe, sehe ich gar nichts. Ich will nur den Ball paßgenau vor das Tor bringen. Ich versuche immer, meine Ecken im gleichen Stil zu verwandeln. Es reicht, den Ball zu unterlaufen. Wenn ich einen Ball spiele und drei

oder vier Spieler loslaufen und die Flugbahn unterlaufen, haben wir eine Chance. Dann sind wir gefährlich. In einer guten Mannschaft müssen die anderen erkennen können, wohin der Ball kommt. Aber es liegt natürlich an mir, eine gute Flanke hereinzugeben.«

Die Ecke wird von links hereingegeben. Desailly, Thuram, Henry und Blanc positionieren sich nahe der Torpfosten. Vor ihnen eine Mauer von Gegenspielern. Der Torwart hebt die Arme. Das Publikum geht mit und macht einen ohrenbetäubenden Lärm.

Zidane geht drei Schritte zurück. Mit gesenktem Kopf, den Ball mit den Augen fixiert, die Arme ausgebreitet. Spannung. Der lange Pfiff. Er muß den Mistral berücksichtigen.

Alle schauen ihn an: einundzwanzig Spieler, der Schiedsrichter und seine beiden Linienrichter, die Auswechselspieler, die vor der Reservebank stehenden Trainer. Und sechzigtausend Zuschauer, wie erstarrt, erwartungsvoll, so wie er selbst, nun mit in die Erde gerammten Stollen, sich plötzlich aufrichtend, linkes Bein ausgestreckt, Schultern nach vorne gekrümmt, den Tanz seiner Füße begleitend, während der Blick nie den Ball verläßt, den Abschußwinkel taxiert.

Zidane schießt.

»Der Ball stieg in einer perfekten Flugbahn an. Zwanzig Meter weiter erwarteten ihn alle. Ich sah eine grün-gelbe Traube, Masinga ragte heraus. Und dahinter meine Freunde, Blanc, Desailly und Christophe. Der Torwart lief mit gestreckten Armen aus dem Tor. Jackson hatte sich auf der Torlinie postiert. Fish stand davor. Er sprang exakt im selben Moment wie Christophe hoch. Der Ball ging nur um wenige Zentimeter an seinem Kopf vorbei. Und Christophe, dahinter, klebt an ihm, wirft den Kopf zur Seite, und befördert den Ball rechts über Vonks Hände hinweg direkt in den Kasten.«

Tor.
Frankreich – Südafrika 1 : 0.
Alle sahen auf das Tor. Es lag Angst im Blick des südafrikanischen Torhüters, Ratlosigkeit bei Dugarry und maßlose Verwunderung bei dem mit offenem Mund dastehenden Fish.
Christophe Dugarry rannte mit erhobenen Armen auf das Publikum zu, die Presseleute anlachend, die nichts von ihm gehalten hatten. Hinter ihm versuchte ein vergnügter Desailly, ihn am Trikot zu erwischen. Auf der Bank saß ein Beifall klatschender Aimé Jacquet.
Zidane steht ein bißchen abseits und schaut zu. Vor einigen Tagen hatte sein Freund der Presse erklärt, daß er nicht zum Toreschießen geeignet sei. Er erinnert sich an all die Kritiken, die der Aufstellung folgten, die Presse, das Publikum, das Dugarry vor einigen Minuten ausbuhte, an die Behauptungen, daß Zidane seinen Freund in die Mannschaft gebracht hätte.
»Man kann über ihn sagen, was man will, und man wird noch viel mehr erzählen, aber es ist trotzdem Christophe, der das erste Tor für die französische Nationalelf geschossen hat …«
Und Dugarry läuft noch immer, streckt denjenigen, die ihn demütigten, die Zunge heraus. Seine Freunde laufen zu ihm, blau, weiß, rot, umarmen ihn unter dem Gejohle der Menge; die Rufe, die Lieder, der Jubel skandieren in ganz Marseille und in allen Städten Frankreichs.
In der zweiten Halbzeit spielt der Mistral gegen die Franzosen. Am Boden können die Spieler den Ball kontrollieren, sobald er höher steigt, übernimmt der Wind. Sie stürzen häufiger, sind nervöser, aggressiver als in der ersten Halbzeit. Einwürfe, Eckbälle. Zidane verteilt die Bälle und rennt sofort los.
»Das ist meine Aufgabe. Ich bin der Ideengeber, muß etwas aufbauen, etwas einleiten.«
In der dreiundfünfzigsten Minute attackiert er einen südafri-

kanischen Spieler; weit ausgestrecktes Bein, er berührt den Ball mit der Schuhspitze, schießt ihn durch die Beine Issas und spielt so einen Paß an Dugarry, der schießt und: Tor.

Kein Tor: Abseits – der Linienrichter hatte seine Fahne gehoben.

Die Südafrikaner wurden noch nervöser. Man rempelt, hält fest.

Zidane wird vom Mannschaftskapitän der Südafrikaner in die Zange genommen, am Trikot gehalten, gestoßen, gedrängt, immer wieder umgestoßen, befreit sich, verliert den Ball, steht wieder auf, schreit die Angreifer an, ist mißmutig, unzufrieden und ungehalten.

»Ich kann einstecken, okay, aber dann teile ich auch aus.«

Der Schiedsrichter nähert sich: gelbe Karte. Das Publikum pfeift. Die Eckfahnen flattern im unruhigen Wind. Wut kommt auf.

Einige Minuten später, Zidane steht am gegnerischen Strafraum. Einwurf auf Lizarazu, der paßt zu Dugarry, Dugarry zu Djorkaeff. Djorkaeff schaut sich um und schießt. Pierre Issa grätscht in den Ball, täuscht seinen Aufpasser und lenkt den Ball ins eigene Tor.

Frankreich – Südafrika 2 : 0.

Der Torhüter bleibt liegen und hält sich die Hände vors Gesicht.

Vierundachtzigste Minute. Dugarry gibt eine Ecke herein auf Thierry Henry, der sofort angegriffen wird. Henry läßt seinen Gegenspieler stehen, geht zunächst Richtung Mittellinie, dann nach links, sieht sich dem gegnerischen Kapitän und zwei weiteren Spielern gegenüber, geht durch, zieht ab und trifft den mit ausgestreckten Armen entgegenkommenden Torwart am Oberschenkel, dieser wirft sich dem Ball hinterher, bekommt ihn aber nicht unter Kontrolle. Zehn Meter vor dem Tor nimmt der unglückliche Pierre Issa den Ball mit links an, läßt ihn gegen seinen rechten Fuß abtropfen und verlängert ins eigene Tor.

Gemeines Spiel der Füße.

»Dafür kann er nichts«, entschuldigt ihn Zidane. »Er konnte nicht viel machen. Der Ball war da, und er hat ihn reingeschossen …«

Frankreich – Südafrika 3 : 0.

Auf den Tribünen des Vélodrome-Stadions skandiert man einen Song von IAM: *Ce soir, on vous met le feu* (»Heute abend machen wir euch Feuer«).

Im Tunnel zu den Umkleidekabinen ruft Vincent Candela den Spielern zu: »Die Südafrikaner haben vor dem Spiel gesungen. Wir singen danach!«

Und er stimmt einen Song von Gloria Gaynor an, den die anderen sofort mitsingen, und der zur Hymne der französischen Nationalelf wird, der Glücksbringer, den die Blauen, dann Millionen von Menschen nach allen Spielen singen werden. *I will survive.*

Zidane sitzt in der Umkleidekabine neben Christophe Dugarry.

»Er hatte das noch nicht verdaut … Wochenlang war er eine Null, ein Nichts, und von einer Sekunde zur anderen wird er zum gefeierten Spieler … Genau das gleiche passierte mit Aimé Jacquet. Ich verstand, daß sie durcheinander waren …«

Die zweiundzwanzig Spieler blieben lange im Vélodrome-Stadion. Der Mistral nahm endlich ab. Wie die Zahl der Journalisten, die scharenweise und mit verklärten Minen, die Mikros bereit, auf die Spieler warteten. Zidane beantwortete die Fragen, wie jedes Mal ohne jeden Überschwang.

»Haben Sie Vertrauen in die nächsten Spiele?«

»Ja.«

»Fühlen Sie sich stärker als vorher?«

»Wenn wir gewinnen, spielen wir auch besser.«

»Denken Sie, daß die französische Nationalelf eine Chance hat, die WM zu gewinnen?«

»Ich glaube vor allen Dingen, daß wir vieles erreichen können …«

»Sie haben sich aufgeregt während des Spiels …«

»Es fällt mir schwer, ruhig zu bleiben, wenn ich gefoult werde.«

»Viele zweifelten vor der Begegnung am Können der Mannschaft.«

»Wir nicht.«

»Die Kritiken waren …«

»Die kamen von Ihnen.«

»Trotzdem. Die erste Halbzeit war ganz schön mühsam …«

»Ich glaube nicht. Ich denke, daß wir gut gespielt haben.«

»Die südafrikanische Elf war enttäuschend.«
»Das ist weder für die anderen noch für uns nett gesagt.«
»Es sieht so aus, als hätten die Blauen heute das Publikum für sich gewonnen. Überrascht Sie das?«
»Nein, wir haben immer daran geglaubt. Alles andere ist Ihr Problem.«
Zidane lächelte den Journalisten kurz zu und ging dann, weiße Jacke über die Schulter geworfen, zum Bus, wo sich auch die übrigen Spieler nach und nach einfanden. Ein mediterranes Flair lag in der Luft, man roch das Meersalz, hörte die Brandung. Ein Glücksbringer.
Er dachte, daß die Blauen trotz der negativen Kritiken ein sehr gutes Spiel gezeigt hatten.
»Es war nicht so leicht. Wir hatten einen harten Gegner. Aber wir waren immer stärker als die anderen und meistens im Ballbesitz. Schließlich und endlich sind wir richtig ins Turnier eingestiegen.«

Um Mitternacht war die Mannschaft unterwegs. Im Bus wurde gesungen und in den Straßen getanzt. Marseille feierte. Überall Lichter, Jubel, Tanz, Applaus. Und Zidane dachte: »Das ist alles für uns …«

In Mallemort erwarteten die Frauen die Spieler. Sie trugen T-Shirts mit WM-Aufdruck. Sie hatten einen Refrain erfunden, den sie nach der Melodie von *Champs-Élisées* sangen:

»On a chanté, on a crieé, on a pleureé, on s'est gelé,
Et finalement après les larmes vous avez marqué.
Et on a gagné.
On sera toujours avec vous
Pour aller au bout.«

»Wir haben gesungen und gerufen, wir haben geweint und gezittert,
und dann endlich, nach all den Tränen, habt Ihr ein Tor geschossen.
Und wir haben gewonnen.
Wir werden immer bei Euch sein,
um mit Euch aufs Ganze zu gehen.«

Sie aßen im Hotel. Um drei Uhr morgens schliefen sie noch nicht.

Am nächsten Tag setzte die Mannschaft den Grundsatz des Trainers in die Praxis um: eine WM gewinnt man nicht mit elf, sondern mit zweiundzwanzig Spielern. Aus der Europameisterschaft hatten sie ihre Lektion gelernt. Da sah man, daß die Ersatzspieler, die nicht regelmäßig zum Einsatz gekommen waren, schnell den Rhythmus verloren hatten. Aimé Jacquet erklärte, daß alle nicht eingewechselten Reservespieler im nächsten Spiel zum Einsatz kommen sollten. So würde er ohne großen Aufwand die Verletzten und mit Gelb Vorbelasteten ersetzen können. Sowohl in Marokko als auch in Finnland wurde diese Regel befolgt: jedes Mitglied der Nationalelf kam mindestens ein Mal zum Einsatz.
Weniger als zwölf Stunden nach dem ersten WM-Spiel trainierte die französische Mannschaft vor zweitausend Zuschauern im kommunalen Stadion von Marseille. Die Ersatzspieler waren am Nachmittag dran. Sie spielten gegen den AC Arles, der sich auf diese Gelegenheit seit zwei Wochen vorbereitet hatte. Spielstand: 5 : 0. Mit einer unvorhergesehenen und sehr bedauerlichen Wendung: Trezeguet zog sich eine Knöchelverletzung zu. Würde er am kommenden Donnerstag, in vier Tagen, gegen Saudi-Arabien antreten können?

Am Sonntag reisten die Frauen ab. Die zweiundzwanzig Spieler nahmen den Bus zum Flughafen Marignane. Zielort: Clairefontaine.
Marseille verschwand hinter ihnen. In der Hitze blieben die Städte und die Autobahnen ruhig. Unterdessen hörte man sogar weit außerhalb Marseilles auf den Feldwegen Siegeshupen, das die Stille unterbrach. Zidane dachte daran, daß er in seiner Jugend nach einem Sieg nie mit seinen Kumpels in einem Reisebus feierte, geschweige denn in Vier-Sterne-Hotels oder auf diesen Straßen, die einen von einem Paradies ins nächste führten. Nein, wenn sie von ihrem Nord-Viertel La Castellane zum Hafen wollten, nahmen sie für den vierzigminütigen Weg den aufgeheizten Linienbus und fuhren meistens schwarz.
Zizou dachte an seinen Vater und seine Mutter. Er bedauerte, daß er sie nicht hatte besuchen können. Er überdachte seinen bisherigen Weg: dieses Mal war keine Zeit, bei seinen Eltern vorbeizuschauen.

Zidane lebt in Turin.
Der Taxifahrer, der den Besucher zur Wohnung des Weltmeisters bringt, kennt die Stadt, die er nicht wirklich mag, den Weg und den Gastgeber gut.
Turin ist der Sitz von Fiat und Juventus. Die Agnelli-Familie, Firmengründerin des Autokonzerns, unterstützt den Verein.
Die Autos sind dem Taxifahrer egal. Aber mit der »alten Dame« Juventus im »Stadio Delle Alpi« verhält es sich anders: einer der besten Fußballclubs der Welt, fünfundzwanzig Mal italienischer Meister, immer wieder in der Champions League und anderen internationalen Wettbewerben vertreten. Wie alle Turiner ist der Taxifahrer mit Leib und Seele »tifoso«, Fan.
Diese Strecke nimmt er immer, wenn er einen Neuankömmling abholen muß.
Er verehrt den Gastgeber: er ist der Spielmacher von Juventus Turin. Während der halbstündigen Fahrt spricht er nur von ihm. Während wir das Stadtzentrum mit den hupenden Turinern, schwerfälligen Linienbussen und Zickzack fahrenden Piaggio-Rollern passieren, redet er unaufhörlich. Die Fassaden werden schwärzer, wir nähern uns Fabriken, und der Fahrer erzählt gestikulierend weiter. Als wir den Po überqueren und in die schöneren Wohnvierteln gelangen, wird er endlich ein wenig ruhiger. Bremst abrupt, als ein Wagen den Hügel hinunterkommt und brüllt, sich zum Fahrgast umdrehend: »La signora Zidane e il suo bambino«, »Frau Zidane und ihr Sohn!«
Um dann Gas zu geben und noch viel schneller zu »il mio amico e il migliore giocatore del mondo, Zinédine Zidane«,

»meinem Freund und dem besten Spieler der Welt, Zinédine Zidane«, zu gelangen.
Was macht das schon, daß sein Fahrgast kein Italienisch versteht.

Ein wuchtiges, hölzernes Tor öffnet sich und gibt den Blick frei auf mehrere unter Bäumen versteckte Häuser. Die Serpentine endet hier, im Zentrum dieses schicken Vororts. Gepflegte Rasen gehen terrassenförmig ineinander über und verlieren sich viel weiter unten im Nachmittagsnebel eines Apriltages. Es regnet. Es nieselt.
Zidane öffnet die Tür und verschwindet sofort wieder, wie gewöhnlich, aber hier aus einem anderen Grund: er wird am Telefon verlangt. Er zieht sich in ein Schlafzimmer zurück, ein übergroßes Doppelbett, Tintin, die Comicfigur, an der Wand, anscheinend fast so groß wie das Portrait der Nummer 10 an der Corniche in Marseille.
Aber gelebt wird unten. In einem großzügigen Raum mit Terrassenfenstern zur Gartenseite. Im Garten liegt Kinderspielzeug verstreut herum, Plüschtiere, Bälle und Würfel verteilen sich auf der Wippe und der Rutsche.
Drinnen befindet sich ein großer Fernseher zwischen zwei Säulen voller Zeichentrickvideos. Für Enzo und Luca.
In einer Ecke steht eine Vitrine voller Pokale, Medaillen, Siegesbändern in den französischen Nationalfarben, Kästen, Gold, Silber, Bronze. Für Zidane.
Dieses Mal ist er tadellos gekleidet: beige Hose, schwarzer Pullover. Frisch rasiert. Er hat Zeit, da er wenig spielt: die Verletzung, die er sich im Viertelfinale der Campions League gegen Olymiakos in Athen zugezogen hat, ist noch nicht ausgeheilt.
»Ich muß wohl operiert werden …«
Er setzt sich an ein Tischende, genauso zurückhaltend wie in

Clairefontaine. Als wolle er sich unsichtbar machen, konzentriert er sich nur auf das unaufhörlich klingelnde Telefon, das er ohne die geringsten Anzeichen von Verärgerung abhebt.
Er sagt »du«, er sagt »sie«, hier ein Journalist für ein Interview, da ein Freund, seine Frau, Alain Migliaccio, der treue Agent, sein Freund, der Taxifahrer, der sich nach dem Abflugtermin erkundigt, ein Typ von Juventus Turin, eine falsche Verbindung … Er antwortet, auf französisch, italienisch, kurz, freundlich, nicht hektisch, obwohl klar ist, daß es ihm keinen Spaß macht: er ist nicht für dieses Leben geschaffen. Als es ihm irgendwann zuviel wird, hebt er den Hörer nicht mehr ab. Ununterbrochen läutet das Telefon weiter.
»Ich muß wohl die Nummer ändern lassen …«
Er beugt sich vor und räumt ein, daß er sich überfordert fühlt und daß ihm im Moment zuviel Aufhebens um seine Person gemacht wird.
»Dieser Lärm, diese Unruhe um mich herum … Das liegt mir nicht. Man behandelt mich wie einen Star, obwohl ich doch so unauffällig wie möglich leben wollte …«
Nach der WM standen andere Spieler laufend vor irgendwelchen Kameras. Zidane versuchte, sich auf eine spanische Insel zurückzuziehen. Man sah ihn kaum. Er verbrachte den größten Teil seiner Ferien auf dem Meer, auf gemieteten Booten, die die Paparazzi nicht erstürmen konnten. In Marseille dreht sich alles um ihn, man sehnt sich nach ihm, so daß er sich dort nur ganz gezielt aufhält.
»Mir ist mein Beruf wichtig. Das Berühmtsein interessiert mich nicht. Man muß dem widerstehen. Ich bemühe mich, anständig zu bleiben, nicht irgend etwas Unüberlegtes zu tun. Ich hatte Glück, das ist alles … Die Möglichkeit, der Beste zu sein … Aber es ist schwer, immer eingebunden zu sein. Zeit fehlt mir am meisten. Ich kann nicht Profi-Fußballer sein, gutes

Geld verdienen und gleichzeitig machen, was ich will, hinfahren, wo ich will, mir Zeit nehmen …«
Der Zeiger einer imaginären Waage ist gerade sehr weit ausgeschlagen. Zidane berichtigt sich selbst und stellt so das Gleichgewicht wieder her: »Natürlich beklage ich mich nicht … Was mir widerfährt, ist wirklich außergewöhnlich.«
Er runzelt die Stirn, so wie jedes Mal, wenn er nachdenkt, nickt, ohne etwas zu sagen, hört nicht mehr zu, ist in sich selbst versunken. Dann richtet er sich auf und ergänzt: »Wenn man bedenkt, wo ich herkomme …«

Achtziger Jahre, Marseille, Place Tartane

Ein betonierter Platz im Viertel La Castellane im Norden Marseilles. Hundert Meter lang, dreißig breit. Links eine Einkaufspassage: Töpferwaren, eine geschlossene Bäckerei, ein geschlossener Zeitungskiosk; der Vereinsraum des Jugendfußballvereins »Nouvelle Vague«, geschlossen, eine geschlossene Apotheke, ein Gemüseladen mit Früchten in der Auslage.

Der mit Graffitti besprühte (Freiheit für Omar, Marabou Igor, Victoria), überdachte Durchgang führt zu Gebäuden mit blauen Fensterläden, Antennen und aufgehängter Wäsche. Ein Parkplatz, ein ausgeschlachtetes Auto. Künstliche Hügel für Motocross und ATB. Gitter an allen Erdgeschoßfenstern. Überall Kinder, Jugendliche, Schwarze. Sie fahren zu zweit Mofa, sitzen auf dem Boden, unterhalten sich fröhlich.

Auf der anderen Seite des Platzes steht eine Reihe weißer Häuser.

»Zuerst wohnten wir dort, in der Nummer 7.«

Weiter entfernt sieht man ein Hochhaus.

»Normalerweise wohnen die Ärmsten in den Hochhäusern. So ist es in den Minguettes, den Hochhausvierteln von Lyon. Bei uns beherbergen sie die Reichsten.«

Zwischen Platz und Hochhaus steht das vergitterte Gemeinschaftszentrum von La Castellane. Etwas weiter entfernt eine Schule. Und fünfhundert Meter weiter die Klinik, in der Zidane geboren wurde.

»Hier bin ich aufgewachsen. Das ist mein Viertel. Das größte in Marseille: sechstausend Einwohner.«

In direkter Nachbarschaft gibt es kleinere Viertel, die nicht den Ruf La Castellanes besitzen.

»Man sagte, daß unseres das schwierigste sei. Wegen der Gewalt, der Schlägereien … Die gab es, das ist wahr. Aber so etwas passiert in allen Vorstädten, wie zum Beispiel in denen von

Lyon oder Paris. Es reicht, daß eine Bande von sechs oder sieben Leuten das Viertel wechselt oder in die Innenstadt geht. Zu einer Party oder einem Fußballspiel. Später kann es passieren, daß alles außer Kontrolle gerät. Die Kumpels mischen sich ein. Dann die Brüder. Auch die Familien. Und schon ist daraus eine Massenschlägerei geworden, manchmal mit schlimmen Folgen, manchmal ist sie sofort beendet.«

Er sah den Ärger immer kommen.

»Ich achte auf alles.«

Er konnte sich verteidigen: bis zu seinem elften Lebensjahr trainierte er Judo. Sein Trainer wollte sogar, daß er Judoka wird. Trotzdem vermied er es, mit anderen zu kämpfen. Er haßte solche Vorfälle.

»Wenn ich Leute nicht mag, bleibe ich beim ›Guten Tag – guten Abend‹. Ich bin niemals aggressiv. Heute wie damals, als es noch häufiger Konfrontationen gab, war und bin ich so etwas wie ein Moderator. Ich versuchte, die Aufgeregtesten zu beruhigen.«

Einige seiner Kumpels waren »Harte«: sie suchten Streit.

»Manchmal war ich dabei, nicht als erster oder letzter sondern irgendwo dazwischen – so sechster von zehn …«

Seine besten Freunde hießen Baba, Malek, Doudou, Mohammed, Nasser, Jean-François … Klassenkameraden, Nachbarsjungen.

»Ich litt nie unter Rassismus, denn als ich klein war, waren alle meine Kumpels Maghrebiner oder Ausländer. Später hielt ich mich nicht mehr in einem Umfeld auf, in dem Leute hätten Rassisten sein können. Heute begegne ich ihnen manchmal. Wenn man mich um ein Autogramm bittet, zum Beispiel. Ich spüre, ob jemand Rassist ist. Aber ich unterschreibe trotzdem: ich denke nicht an die Eltern, sondern an die Kinder, die glücklich sind, mein Autogramm zu bekommen …«

Er spielte mit seinen Freunden, die aus aller Welt kamen, sogenannte Viertelspiele, die manchmal gewalttätig waren. »L'as«-Ball, zum Beispiel.

»Die Grundregel war, niemals La Castellane zu verlassen. Man nahm einen Tennisball, warf ihn hoch, und der erste, der ihn fing, spielte den Ball. Die anderen liefen so schnell wie möglich weg. Der Spieler mußte einen anderen mit dem Ball treffen. Und der, der ihn fing, den nächsten. Und so weiter, zwei Stunden lang. Nach zwei Stunden hatte derjenige verloren, der gerade im Ballbesitz war.

Er war so gut wie tot. Wir brachten ihn zurück auf den Platz, stellten ihn in die Mitte und verprügelten ihn so richtig. Mehr als einmal war ich dran. Ich hab' ganz schön was abbekommen.«

Und dann gab es das Ritual um die neuen Turnschuhe.

»Ein neues Paar Turnschuhe mußte getauft werden. Wir trafen uns auf dem Platz Tartane und umkreisten denjenigen mit den neuen Schuhen. Wir grüßten ihn. Nicht mit der Hand, sondern mit dem Fuß, der Reihe nach mit einem Tritt auf den neuen Schuh. Das Ziel war, die Schuhe nicht mehr wie neu aussehen zu lassen. Es begann immer als Spiel und endete auch schon Mal in einer Schlägerei. Denn manche tauften nicht die Schuhe, sondern zerstörten sie geradezu. Aber das war nie richtig böse gemeint ...«

Zidanes Kindheit spielte sich überwiegend auf dem Place Tartane ab, auch im Einkaufzentrum Continent, ein wenig in den Neuen Galerien (um Turnschuhe zu kaufen), und ganz und gar nicht in der Schule.

»Wir gingen immer in einer Gruppe in die fünfhundert Meter entfernte Schule. Ich war mit meinen Gedanken woanders, der Unterricht war mir schlichtweg egal. Die Lehrerinnen mochten mich, weil ich so einen rührenden Blick hatte. Aber ich arbeitete nicht mit. Ich hätte schon gekonnt, wenn ich gewollt hätte. Das Problem war, daß ich nicht wollte. Die Mathematik- und Französischlehrer wiesen meine Eltern immer wieder darauf hin: ›Es ist nicht so, daß er nicht könnte. Er will einfach nicht.‹

Ich ließ mich gehen, stand gern im Mittelpunkt und war weniger schüchtern und zurückhaltend als heute. Ich wartete nur auf das Klingelzeichen zum Schulschluß, um mich mit meinen Freunden auf dem Platz zu treffen.«

Er ist zehn, elf, zwölf Jahre alt … Ein kleiner Junge mit leuchtenden Augen, nicht kräftig gebaut, pfiffig, schlau, ein Spaßmacher. Er sitzt auf dem Beton, seine Kumpels um ihn herum. Er ist nicht der Bandenchef: in ihrer Bande sind alle Chefs.

»Wenn wir nicht Fußball spielten, redeten wir, alberten herum, rauften uns.«

Aber sie spielten fast immer. Die Nachmittage, mittwochs, in den Ferien. Die Sommertage waren lang und heiß. Die Eltern hatten keinen Urlaub, die Kinder blieben auf dem Platz Tartane. Zweieinhalb Monate Sommerferien. Der Fußball brachte alle zusammen. Die Regeln sind einfach, man spielt allein, zu dritt, zu sechst, mit zweiundzwanzig Spielern. Die Kinder hatten viel Zeit zu lernen: sie wurden alle zu begabten Kickern.

»Ich hielt mich an meinen Bruder Nordine, der einer der Besten war …«

Ein überdachter Durchgang, der zum Platz führte und auf die Wohnungen traf, diente ihnen als Spielfeld, auf dem sie zu dritt oder zu viert spielten.

»Waren wir viele, gingen wir auf den betonierten Platz Tartane. Wir stellten Eimer auf, um die Linien zu markieren. Die Tore waren aus Steinen, Kleidung, irgend etwas … Alles was ich über Fußball gelernt habe, stammt aus dieser Zeit, von der Straße.

Gemeinsam mit meinen Kumpels versuchten wir, uns immer neue Tricks beizubringen. Derjenige, der etwas Neues entdeckte, mußte es allen anderen zeigen. Wir wiederholten es, bis es jeder beherrschte. Es ging darum, den Trick am besten zu können. Ich war wie die anderen: ich nahm den Ball und dachte mir Dinge aus. Das ist Straßenfußball.«

Am Rande des Tartane-Platzes, zum Gemeinschaftszentrum und dem Hochhaus hin, stehen drei kleinere Gebäude mit je zwei Stockwerken, Hausnummer 26, 28 und 30. Aus der Wohnung in Nummer 7 zog Familie Zidane in die Nummer 28. Das Küchenfenster ging auf das Spielfeld. Von dort überwachten die Eltern die Kinder. Nichts beruhigte sie mehr, als die Kinder mit dem Fußball beschäftigt zu sehen.

»War man ganz und gar in das Fußballspiel vertieft, schaute dich niemand schief an und niemand suchte dich. In diesen Vierteln reicht schon mal ein falscher Blick, um in große Schwierigkeiten zu geraten. Das geht dann sehr schnell … ich spielte den ganzen Tag und hatte keine Zeit, mich um andere Dinge zu kümmern. Das Fußballspielen verhinderte, daß ich auf dumme Gedanken kam.«

Die Eltern waren froh, die Kinder Fußball spielen zu sehen, es genügte, sie vom Fenster aus heimzurufen. Sie ließen die Kinder niemals allein in dem Viertel.

»Gingen sie einkaufen, hieß es: ›Du kommst mit‹, was mir ganz und gar nicht gefiel. Ich wollte nie mitgehen und fing an zu weinen. Meistens mußte ich dann oben bleiben …«

Das Appartement war sehr klein. Der einzige Luxus war die extra gesicherte Wohnungstür. Links vom Eingang befand sich die Küche, mit Blick auf den Platz. Dann folgte ein winziges Wohn- und Eßzimmer hinter dem der Flur einen Knick machte. Nordine und Farid teilten sich ein Zimmer, Zinédine eines mit seinem älteren Bruder Djamel.

»Wir hatten zwei kleine Betten, eine Kommode und Poster von Michel Platini und Enzo Francescoli. Meine Schwester Lila, unser einziges Mädchen, hatte ein Zimmer für sich allein und war für uns der Mittelpunkt der Welt.«

Sie besuchten dieselbe Schule. Lila war sehr gut, und die Eltern ließen sie Zinédines Hausaufgaben überwachen – in der Familie wird er Yazid genannt.

»Für mich war das eine Katastrophe: ich durfte nicht eher rausgehen, bis ich meine Hausaufgaben erledigt hatte.«

Er rächte sich auf dem Schulweg.

»Ich ärgerte sie, immer wieder. Sie mich auch, aber seltener. Eines Tages, nach Schulschluß, ging ich mit meinen Kumpels und sie mit einer Freundin. Ich bewarf sie mit einer Tomate oder einem verfaulten Apfel, ich weiß nicht mehr genau, und traf sie am Kopf. Sie drehte sich um und sah mich wie verrückt lachen. Zu Hause war es dann schrecklich. Sie wollte mich umbringen!«

Erstens, weil er sie mit einer Tomate beworfen hatte; zweitens, weil er gelacht hatte; drittens, weil er die Tomate geworfen und sie vor allen Leuten ausgelacht hatte.

»Vor allen Dingen vor den Freundinnen!«

Wenn die Eltern nicht da waren und sie ihm das Ausgehen verbieten wollte, dann entschuldigte er sich schon einmal. Aber oft wurde sie vom großen Bruder Farid unterstützt.

»Er war sehr streng, sagte: ›Du gehst nicht raus‹, und ich blieb. Er jagte mir keine Angst ein, aber ich hörte auf ihn und respektierte ihn. Ich heulte in meiner Ecke und schrie ihn im stillen an, das war alles. Ich war zwischen zehn und dreizehn Jahre alt und glaubte, ungerecht behandelt worden zu sein. Heute weiß ich, daß er recht hatte. Und meine Eltern ebenso. Ich dachte nur an das Fußballspielen. Man mußte mich schon zwingen, etwas anderes in Angriff zu nehmen …«

Er besaß drei Fahrräder. Das erste war winzig. Das zweite kaufte man gebraucht für fünfzig Francs von einem Freund. Das dritte gab es vom Weihnachtsmann des Geschäfts, in dem sein Vater arbeitete.

Plüschtiere: »Ich wußte nicht mal, was das war.«

Spielzeugautos: »Davon hatte ich vielleicht ein paar …«

Der Fußball: »Nichts anderes interessierte mich.«

Und was dazu gehörte: das Trikot, die Schuhe.

»Ein neues Paar Turnschuhe war das Paradies für mich …«

Er pflegte sie und hütete sie wie einen Schatz. Sie sollten nicht bei den anderen Schuhen im Schuhschrank oder anderswo herumliegen. Er versteckte sie in unmittelbarer Reichweite unter seinem Bett …

»Als ich klein war, bedeuteten die Turnschuhe für mich das schönste Geschenk. Mein Vater kaufte sie mir von Zeit zu Zeit: hundertfünfzig Francs das Paar. Als ich dann größer wurde, gab es Fußballschuhe. Ich erinnere mich an ein Paar von Kopa, das ich zu meinem zwölften Geburtstag bekam, das vierhundertfünfzig Francs kostete. Mein Vater mußte ein Jahr darauf sparen, um sie mir schenken zu können. Seiner Brieftasche bekam das gar nicht gut! Aber für mich war es wie ein Traum. Diese Schuhe bedeuteten mir viel.«

Zu Weihnachten schenkte man Yazid gerne einen Ball, den er unter dem Baum fand. Als er ganz klein war, gab es keinen Tannenbaum. Das kam später. Der Weihnachtsbaum wuchs mit den Jahren und wurde gemeinsam mit den Kindern immer größer. Aber er wurde nie eine ausgewachsene Tanne.

»Es gab nicht viele Geschenke: eine Kleinigkeit für jeden, basta. Für mich war das in Ordnung, ich weiß nicht, warum, aber ich hätte gar nicht alles haben wollen, als ich klein war …«

Das größte Geschenk, das sie je erhielten, wurde gebracht, als sie alle wartend im Wohnzimmer saßen. Eine riesige und sehr

schwere Kiste. Yazid war zehn Jahre alt und folgte aufmerksam dem Tun des Lieferanten, der seine Ware auspackte. Er wollte unbedingt wissen, wie das Gerät funktionierte, ob es wirklich besser war als das schwarzweiße, an das sie gewöhnt waren.
»Als wir den Farbfernseher sahen, saßen wir so lange stumm wie die Fische da, bis der Händler mit der Installation und den Einstellungen fertig war.«
Anschließend nutzte Yazid wochenlang jede sich bietende Gelegenheit, und schaute ganz allein fern. Er nahm die Fernbedienung, wählte das bunteste Programm aus, spielte mit den Reglern, und ließ das Rot noch röter werden, das Grau dunkler und die Weißtöne verschwinden.
»Der Fernseher stand im Wohnzimmer, neben dem Eßzimmer, gegenüber unserer Couchgarnitur. Wir hatten drei Sofas, alle mit Stoff bezogen: zwei à zwei Plätze und eins à drei Plätze. Die Zweier wurden von meinen Brüdern oder meinem Vater in Beschlag genommen – wenn er da war. Meine Mutter machte es sich auf dem größten bequem und ich neben ihr. Sie nahm mich in den Arm. Die anderen saßen auf Stühlen. Wir schauten gemeinsam fern. Das war einfacher, als sich zu unterhalten: bei uns wurde nie viel diskutiert. Nur der Vater mit dem großen Bruder.«
Sie schauten »Stade 2« und alle anderen Sportsendungen. Danach ging es zu Tisch, an dem sie nicht gemeinsam essen konnten. Es gab nur einen runden Tisch, der zu klein für sie alle war.
»Weil wir nicht zu siebt an den Tisch paßten, wechselten wir uns ab. Mein Vater aß immer als letzter, außer, wenn er sich beeilen mußte, um zur Arbeit zu gehen. Meine Mutter aß ebenfalls als letzte. Meine Brüder und meine Schwester zuerst. Ich mit meinem Vater. Ich setzte mich neben ihn, und wenn ich fertig war, setzte ich mich vor den Fernseher. Vom Sofa zum Abendbrottisch, vom Abendbrottisch zum Sofa, vom Sofa ins Bett.«

Nachts wachte Yazid manchmal weinend auf. Er schwitzte, hatte einen Alptraum.

»Mein Papa ...«

Smaïl kam am 17. September 1953, vor dem Krieg, aus Algerien. Er wollte sein Glück in Frankreich suchen.

»Er arbeitete immer hart, 38 Stunden, im ›Casino‹-Supermarkt, anfangs als Lagerist, später als Wachmann. Und zwar im Schichtdienst, eine Woche morgens, eine Woche nachmittags, eine Woche nachts, samstags und auch sonntags. Es gab nur einen freien Tag in der Woche, manchmal Montag, manchmal Dienstag ... Er erhielt immer nur wenig mehr als den Mindestlohn. Das war eine schwierige Zeit.«

Manchmal ging der kleine Junge seinen Vater besuchen. Er leistete ihm in seinem Häuschen an der Straße Gesellschaft und begleitete ihn auf seiner Runde.

»Ich besuchte ihn gern im Supermarkt, wollte wissen, was er machte, wo er war. Ich machte mir große Sorgen um ihn. Als ich noch keine Kinder hatte, sorgte ich mich um meine Eltern. Vor allen Dingen um meinen Vater, denn meine Mutter war ja zu Hause. Ich sah sie häufig und verbrachte meine Zeit damit, sie ein bißchen zu ärgern. Ich hörte nicht so auf sie wie auf meinen Vater. Sie wurde viel öfter wütend. Er war ja selten da. Wenn er von Mitternacht bis acht Uhr morgens Nachtschicht hatte, dachte ich immer an ihn, konnte nicht schlafen und hatte schreckliche Alpträume. Manchmal wachte ich schreiend auf, und das ganze Haus hörte mich, wenn ich ›Mörder!‹ rief.«

Für Zidane ist der Platz Tartane der schönste Ort seiner Jugend und sein Vater der wichtigste Mensch seiner Kindheit.

»Er ist ein ganzer Mann. Ein echter. Er ist schön wie das Leben.«

Die Leute liebten ihn. Wenn er ihn zum Einkaufen in den »Casino«-Supermarkt begleitete, war Yazid glücklich, den Vater mit seinen Arbeitskollegen zu erleben: sie behandelten ihn immer besonders freundlich und zuvorkommend.

»Mein Vater ist Maghrebiner. Er hätte mit den anderen Probleme haben können. Aber das kam nie vor. Er respektierte jeden, und alle respektierten ihn. Weil er umgänglich und freundlich war …«

Zu Hause erhob er nie die Stimme, schrie nie. Um etwas bei seinen Kindern zu erreichen, genügte es, daß er ihnen streng in die Augen sah.

»Er schlug mich nie. Das schlimmste, was passieren konnte, wenn er sehr wütend war, war, daß er mich kniff. Er hielt mich am Arm fest, damit ich nicht weglaufen konnte und kniff mich in den Oberschenkel. So bestrafte er mich nur, wenn ich irgend etwas ganz Schlimmes angestellt hatte, was aber selten vorkam.«

Smaïl hatte größten Spaß daran, seinen Kindern die Haare zu schneiden. Die Mutter war für die Nägel zuständig, der Vater kümmerte sich um die Strubbelköpfe. Es war ein regelrechtes Ritual. Für den Vater war eine ordentliche Frisur die Voraussetzung für den Respekt, den man sich selbst und also auch allen anderen erweist.

»Einmal im Monat kamen wir nacheinander dran. Wenn wir fertig waren, hatte mein Vater das Gefühl, ein Meisterwerk vollbracht zu haben. Zur Belohnung gab er jedem zwei oder fünf Franc-Stücke in die Hand. Und er sagte: ›Das ist für Dich, mein Sohn.‹

Er achtete besonders auf die Länge der Koteletten. Seiner Meinung nach sind Koteletten eine Zeichen von Männlichkeit. Ein Mann muß Koteletten tragen.

Heute trage ich sie nur ihm zuliebe. Natürlich verlangt er es nicht mehr. Aber trotzdem bemerkt er, wenn sie nicht die richtige Länge haben, seiner Meinung nach eine halbe Ohrenlänge.

Er sagt dann: ›Mein Sohn, Deine Koteletten sind ein bißchen kurz.‹ Also lasse ich sie wachsen.«
Am gemeinsamen Tisch spricht Smaïl kaum. Er machte seinen Kindern nie Vorhaltungen. War einer seiner Jungen traurig, tröstete er ihn: »Das vergeht schon, mein Sohn.«
Heute ist er viel gesprächiger. Er unterhält sich stundenlang mit seinem Sohn, gern über sein Heimatland, und meint: »Hier können wir uns nicht beklagen, mein Sohn.« Er rät ihm gut zu und mag es nicht, wenn Yazid verletzt spielt. »Paß' auf Dich auf; wenn Du müde bist, ruhe Dich aus …« Er beschützt ihn, ganz so wie früher.
Fünfzehn Jahre später erinnert der Vater sich: »Ich arbeitete hart, um meine Kinder ernähern zu können. Ihre Mutter war immer für sie da. Wenn ein Kind hustete, schlief ich nicht. Wenn mir mal ein lautes Wort herausrutschte, fragte ich mich: ›Warum habe ich das jetzt gesagt?‹ Ich schlug sie niemals: wenn ihr ein Kind schlagt, riskiert ihr, ihm zu schaden. Läßt man die Kleinen in Ruhe aufwachsen, werden sie nicht einmal krank.«
Er vertritt heute immer noch dieselbe Meinung. Yazid hört immer auf ihn. Er verehrt seinen Vater sehr. Sein Vater irrte nie. »Er kennt immer die Wahrheit. Alles, was er mir vermittelte, als ich klein war, war richtig. Er brachte mich auf den richtigen Weg. Das, was ich bin, ist sein Verdienst.«
Und weiter: »Es ist sein Weg, dem ich zu folgen versuche. Ich wäre gern ein bißchen wie er.«
Und schließlich: »Was auch passieren mag, mein Vater wird immer bei mir sein. Was er mir beibrachte, ist der Weg Gottes.«

Es ist still im Turiner Haus. Aber seine Stimme klingt nicht traurig, es liegt keine Schwermut darin. Der Schatten des Vaters überdeckte das Klingeln der Telefone, das Kommen und Gehen einer Dame, die im hinteren Bereich des großen Zimmers verschwand.

Zinédine Zidane steht auf. Er verläßt seinen Platz in der Ecke und geht zur Treppe. Vor dem Fernseher bleibt er stehen und zeigt auf den Bildschirm.

»Wenn er konnte, sah mein Vater in unserer Wohnung in Marseille immer die Nachrichten um 13 und um 20 Uhr. Damals verließ ich das Zimmer. Heute schaue ich immer die Nachrichten um 13 und um 20 Uhr, wenn es mir möglich ist.«

Zidane geht aus dem Zimmer und kommt mit Luca auf dem Arm zurück. Er ist nicht mehr Weltmeister sondern ein Vater, der mit einem elf Monate alten Baby spielt. Es ist nicht wie früher; draußen gibt es einen Garten mit Rasen, keinen betonierten Platz, dessen ist sich Zidane bewußt.

»Heute«, sagt er, indem er sich mit seinem Sohn auf den Knien wieder setzt, »kann ich meinen Kindern alles bieten, was sie wollen. Meine Eltern hatten diese Möglichkeit nicht. Allein deswegen sind sie stolz auf mich.«

Um die Quietscher des Kleinen zu übertönen, fügt er mit leicht erhobener Stimme hinzu: »Sie wissen ganz genau, daß ich mich nicht verändert habe.«

Seine Kumpel in Marseille wissen das auch. Etwa fünfzehn erwarten ihn, wenn er sich in seiner alten Heimat blicken läßt. Sie spielen kein Fußball mehr und taufen ihre Turnschuhe nicht mehr mit einem gezielten Tritt. Aber sie sind dieselben geblieben. »Meine besten Kumpels. Aus meinem Viertel. Aus meiner Kindheit.«

Sie empfangen ihren Freund nicht wie einen Pascha, der nach langen Jahren wieder in seinen Palast zurückkehrt.

»›Herr Zidane‹, gibt es nicht. Wenn ich das Viertel besuche, heißt es ›Salut, Yazid; wie geht's Dir und Deiner Mutter?‹, und die alten Sprüche und Geschichten von früher: Streiche aus dem Viertel.«

Er ist nicht der Typ, der gegangen wäre und sich verändert hätte, ein Angeber geworden wäre.

»Ich bin der Typ, der von Zeit zu Zeit vorbeischaut und mit dem alles so weitergeht wie bisher. Deswegen sind sie meine Kumpels. Wenn sie ihr Verhalten änderten, würde mir das gar nicht gefallen. Für sie bin ich nicht Zinédine Zidane. Ich bin Yazid, ihr Jugendfreund.«

Eins sei noch gesagt: er spielt nicht mehr mit ihnen Fußball. Und er bedauert es sehr. Aus tiefstem Herzen. Er sagt mit düsterer Mine und nachdenklichem Blick: »Wenn ich dort öfter vorbeischauen könnte, würde ich gern mal eine Runde spielen, wie früher spielen … Aber meine Verpflichtungen in Italien und in der französischen Nationalelf füllen mich bis zur Erschöpfung aus … Es fehlt mir, aber im Moment gibt es keine Lösung.«

Er steht auf und geht im Zimmer auf und ab, um sich zu beruhigen. Lucas Wimmern übertönt das Dauerklingeln des Telefons.

»Ja, meine Kumpel fehlen mir. Ich schaffe es zu selten, bei ihnen vorbeizuschauen. Bei dem Niveau, auf dem ich derzeit spiele, läßt mir der Fußball wenig Zeit für andere Vergnügen. Ich albere nicht mehr mit meinen Freunden herum. Das ist vorbei.«

Er übergibt Luca der Dame, die ins Zimmer kam, steht vor dem

Fenster und schaut mit verschränkten Armen hinaus in den Regen. Über wen spricht er jetzt? Zweifellos über seine Bande vom Platz Tartane.

»Was früher war, kommt nie wieder, viel später vielleicht. Aber das ist noch nicht einmal sicher.«

Er dreht sich um und sagt mit einer energischen Kopfbewegung: »Ich wußte, daß es so kommen würde. Ich habe mich entschieden. Ich bedaure einige Konsequenzen, was normal sein dürfte. Auch, wenn ich Profi-Fußballer geworden bin und ein gutes Auskommen habe, werde ich meiner Vergangenheit nicht den Rücken kehren. Niemals.«

Ein Lächeln erhellt jetzt sein Gesicht.

»Ich bin sehr stolz, in meinem Viertel geboren und aufgewachsen zu sein. Ich habe verinnerlicht, was man dort sagt: Man muß immer alles daransetzen, seine Ziele zu erreichen.«

Abschließend sagt er mit einem Kopfnicken: »Vor allen Dingen, wenn man eine andere Herkunft hat, dann muß man doppelt so stark sein wie die Franzosen.«

Stille. Dann fügt er sehr leise hinzu: »Ja, ich mußte doppelt so hart arbeiten, weil ich ein Immigranten-Kind war.«

Zinédine Zidane ist zehn Jahre alt. Sein Bruder Nordine spielt in Saint-André Fußball. Zinédines erster Verein ist US Saint-Henri, nicht weit von La Castellane. Er trägt schwarze Hosen und ein rotes Trikot. Er ist ein bißchen größer als seine Freunde, langgliedrig, mit geschmeidigen Bewegungen, ein Spaßmacher, die Augenbrauen vom Pony bedeckt.

Saint-Henri ist ein Nachbarverein, der zum Viertel gehört. Seine Verantwortlichen sind ehrenamtlich tätig. »Sie machten das mit einer unglaublichen Leidenschaft. Die fehlt leider sehr häufig im Fußball …«

Die Eltern und die Spieler behalfen sich so gut es ging. Es gab keine Busse.

»Oft brachte uns mein Vater zu den Turnieren. Er hatte einen Renault 12 Kombi. Wir waren zu zehnt: zwei vorne, vier hinten, vier im Kofferraum …«

Im Auto herrscht ein großes Durcheinander. Es wird Lärm gemacht, herumgealbert, man amüsiert sich prächtig. In der Mitte der kleinen Gruppe sitzend, versucht Yazid, die Freunde ruhig zu halten. Er ist jedes Mal verlegen, weil sein Vater keine groben Sprüche mag und es immer haßte, wenn jemand schlecht über andere redete.

»Wenn er in meinem Beisein mit anderen diskutierte und Leute verletzende Dinge äußerten, verschwand ich. Ich wollte seine Scham nicht noch vergrößern. Mein Vater entspannte dann und sagte sich: ›Mein Sohn ist nicht dabei, und das ist gut für ihn …‹ Waren wir mit meinen Freunden zusammen, paßte ich auf, ich wollte meinen Vater nicht verletzen.«

Ein Vater, der seinen Sohn bereits bewundert. Yaz trägt noch kurze Hosen und zeigt schon eine beeindruckende Ausdauer. Smaïl erinnerte sich noch lang an diese Nacht, als er nach einem Judo-Wettkampf mit seinem Sohn um drei Uhr morgens zu Hause ankam, um dann zu sehen, wie er um sechs Uhr morgens wieder aufstand, damit er um acht Uhr an einem Fußballturnier teilnehmen konnte. Der Kleine war schon angezogen. Er stand im Flur, zwischen Badezimmer und Elternschlafzimmer mit den Sportschuhen in der Hand.

»Laß' uns losfahren, Papa!«

»Du hast nur drei Stunden geschlafen ...«

»Ja, aber laß' uns trotzdem los.«

»Du hast rote Augen ...«

»Papa, bitte!«

Sie fuhren mit dem Renault 12 Kombi zum Spielort. Der Vater blieb. Das Kind spielte. Er schoß ein Tor. Das nächste Spiel. Er schoß noch ein Tor. Im dritten Spiel spielte Saint-Henri 0:0. Zur Mittagszeit war Yazid völlig erschlagen.

»Ich bringe Dich nach Hause«, sagte Smaïl.

»Das können Sie nicht tun!«, schrie der Trainer.

»Und warum sollte ich nicht?«

»Weil die Mannschaft nicht mehr existiert, wenn Yazid geht. Das Turnier ist verloren.«

»Schade um das Turnier«, antwortete der Vater mit Entschlossenheit.

Sie fuhren in ihrem Renault 12 Kombi wieder nach Hause. Die Mannschaft von Saint-Henri verlor.

Wenig später spielte Zidane in einem anderen Verein.

»Das war in Septèmes, im Norden von Marseille, an der Straße nach Aix-en-Provence gelegen. Ein höheres Niveau als Saint-Henri. Vor allen Dingen ein Sprungbrett für mich ...«

Bei Sport Olympiques des Septèmes fing Zinédine Zidane, französischer Nationalspieler, Welt- und Europameister, in der

Jugendmannschaft an. Ohne Schwierigkeiten. »Ich zog mein rotgelbes Mannschaftstrikot an und legte los …«
Der erste Trainer heißt Robert Centenero. Wegen seiner Halbglatze nannte man ihn auch »das Cabriolet«. Yazid fiel ihm in Saint-Henri auf, und er setzte sich beim Vereinsvorsitzenden für einen Wechsel ein. Als er seinen Schützling zum ersten Mal in La Castellane abholte, fand er seinen Wagen in einem jämmerlichen Zustand wieder vor: man hatte ihm die Reifen zerstochen.
»Die Mannschaft trainierte im Pierre-Bechini-Stadion, nahe dem Club. Das Clubhaus war eine Holzbaracke, der Clubname stand in roter Leuchtfarbe an der Wand … Ich blieb dort bis zu meinem vierzehnten Lebensjahr.«
Centenero übergibt seinen Schützling an Loïc Fagon und Zidane wird Jugend-Auswahl-Spieler. Er trainiert jeden Mittwoch und spielt samstags oder sonntags. Er reist.
»Wir fuhren in die Alpen und auch nach Perpignan. Jede Familie gab fünfzig Francs für die Busmiete … Die meisten meiner Freunde hatten Marseille nie zuvor verlassen.«
Aus zweierlei Gründen wird man auf ihn aufmerksam: er ist ein exzellenter Spieler, sehr selbstbewußt agierend. Und ein guter Teamkamerad. Ein Spaßvogel, dabei nicht sehr schwatzhaft. Er wird von den Trainern und den Kameraden respektiert und kann unglaublich gut mit dem Ball umgehen. Er ist hervorragend im Zuspiel, impulsiv und kann am Ball so ziemlich alles, denkt dabei auch an die anderen und scheint sich nicht um übliche Regeln zu kümmern.
1986 spielt er unter Alain Lepeu um die Meisterschaft. Smaïl leert seine Brieftasche, um ihm zwei Lehrgänge ermöglichen zu können. Er beendet sie als Zehnter, nachdem er drei Tore schoß und drei Pässe spielte: nichts Außergewöhnliches.
Am Jahresende wird er für drei Tage in das regionale Ausbil-

dungszentrum für Sport CREPS nach Aix-en-Provence einberufen.
Er ist Linksaußen in einer Mannschaft, die aus den besten jungen Spielern der Region besteht. Seine Leistung ist nicht herausragend, was wohl daran liegt, daß er nicht auf seiner üblichen Position spielt. Aber ein Mann wird auf ihn aufmerksam: Jean Varraud, Talentsucher des AS Cannes. Er erzählt dem Leiter des Ausbildungszentrums seines Clubs, Gilles Rampillon, von dem jungen Mann.
Am 11. Januar spielt die Jugend von Septèmes in Saint-Raphaél. Zidane spielt Libero. Unter den Zuschauern befinden sich zwei Männer, die ihn nicht aus den Augen lassen: Varraud und Rampillon. Zidanes Spiel ist unvergleichlich.
»Meine Position im Sechzehnmeterraum machte mir viel Spaß ...«
Jean Varraud ist sprachlos. Niemals zuvor sah er ein solches Talent. Ein solches Ball-Genie mit einem so bemerkenswerten Spiel.
»Er fand, daß ich es verdient hätte, aufgenommen zu werden. Und daß ich Ausdauer und Kampfgeist hätte.«
Varraud schlägt dem Spieler vor, eine Woche in Cannes zu bleiben. Yazid telefoniert mit seinen Eltern. Smaïl erklärt sich einverstanden.
»Ich kam für acht Tage nach Cannes und blieb sechs Jahre.«
Erst jetzt dachten die Eltern darüber nach, daß ihr Sohn vielleicht eine Profi- Laufbahn einschlagen könnte. Bis dahin hieß es seitens der Trainer immer, daß er sehr gut sei, aber niemand hatte je mehr in Aussicht gestellt. Cannes war ein Erstliga-Club. Das war schon viel ernster zu nehmen als die Vereine seiner Kindheit in Saint-Henri und in Septèmes.
Die Mutter, Malika, mußte überzeugt werden. Zu jener Zeit hatte Cannes noch kein Spielerinternat, und Zidanes Mutter

weigerte sich, ihren Sohn so weit fort zu lassen. Sie war erst einverstanden, als eine Gastfamilie für ihn gefunden wurde: die Élineau.

»Sie wohnten in Pégomas, in einem provençalischen Haus mit Ziegeldach und ockerfarbenen Mauern. Ich war nicht der erste Pensionsgast, den sie bei sich aufnahmen. Der Vater war im Vorstand des AS Cannes. Er hatte eine Tochter und zwei Söhne. Sie waren alle klasse. Ich verstand mich sehr gut mit einem der Jungen, Lucky, der sehr intelligent und sympathisch war. Wir spielten gemeinsam Fußball vor dem Haus … Frau Élineau, die wie eine zweite Mutter für mich wurde, tat die gleichen Dinge wie meine Mutter. Ich glaubte nicht, daß das möglich wäre, daß eine andere Frau sich um meine Wäsche kümmerte, mir morgens die Butterbrote schmierte, mir einen Kakao machte … Es gab nur einen Unterschied, einen ganz kleinen: in Cannes machte ich mein Bett selbst.«

Es gab einen anderen Unterschied, einen wesentlich größeren. Nachdem man das Gepäck des kleinen Fußballers im Kofferraum des Renault 12 verstaut hatte, nachdem Malika und Smaïl ihren Sohn in eine fremden Stadt gebracht hatten, und eine andere Frau die Butterbrote schmierte und den Kakao machte, war das Leben absolut nicht mehr dasselbe und der Kummer groß. In Cannes war Zizou allein mit seinen Tränen.

»Als ich unser Viertel verließ, freute ich mich. Ich wollte spielen und ich war dazu bereit. Aber ich war erst dreizehn Jahre alt. Mit dreizehn ist man noch ein Junge und zerbrechlich. Auf einen Schlag verlor ich das, was für mich im Leben alles bedeutete: meine Eltern und meine Kumpels und war sehr unglücklich. Ein Jahr lang weinte ich jeden Abend leise in mein Kopfkissen und wollte zurück nach Hause. Gleichzeitig sagte ich mir, daß ich durchhalten mußte.«

Ein großes graues Fräulein, das ihn an der Straßenecke erwartete, wurde in dieser Zeit zu seiner besten Freundin: eine Telefonzelle. Sie bedeutete für den Jungen, was für manche Erwachsene das Handy ist: eine Verbindung zu einem weit entfernten Zuhause. Heute Véronique, gestern Malika. Jeden Abend – und wenn nicht täglich, dann so oft wie nur möglich – telefonierte Yazid mit seiner Familie. Er erzählte von seinem Tagesablauf, dem Fußball, noch mal vom Fußball, immer vom Fußball.

»Ich trainierte nur.«

Er hatte einen Gönner, der nicht aufhörte, ihn zu beobachten, zu beurteilen, die Fortschritte wahrzunehmen, und der mit tiefer Stimme murmelte: »Der kleine Fisch wird langsam groß.« Der ihm, wenn er niedergeschlagen war, sagte: »Eines Tages wirst du etwas wirklich Großes leisten.« Der ihm, wenn der kleine Mann wieder einmal enttäuscht war, wunderbare Horizonte aufzeigte, mit einem Fußball, so rund wie der Mond und schön wie die Sonne.

Jean Varraud, der Talentsucher aus Cannes.

»Ein großartiger Mensch. Er kannte die Jungen sehr gut, und er fand viele Talente. Ich bin nicht der einzige. Das ist einer der wichtigsten Männer in meiner Karriere. Man spricht zu selten von ihm. Er wurde als erster auf mich aufmerksam und verdient einen Ehrenplatz an meiner Seite, er viel eher als andere, die sich dort gerne sehen. Wenn er nicht beschlossen hätte, mich aufzunehmen, wäre ich heute vielleicht nicht hier. Leuten wie ihm kann man nicht genug danken.«

In den sicheren Armen seiner besten Freundin fragt er seine Mutter, wann die Eltern nach Cannes kommen würden, ob vielleicht schon morgen oder in der nächsten Woche.

»Es war zu teuer. Sie konnten sich diese Reise einfach nicht leisten. Also fuhr ich nach Hause. Alle vierzehn Tage für ein Wochenende. Montags spielte ich wieder Fußball.«

So begann schließlich auch der kleine Zidane daran zu glauben, daß er eines Tages groß herauskommen würde. Wie Herr Varraud es voraussagte.

»Als ich im Ausbildungszentrum von Cannes begann und den Profis so nahe war, daß ich ihnen jeden Morgen die Hände schüttelten konnte, dachte ich, daß ich es eines Tages vielleicht schaffe, Profi zu werden. Ich sagte mir: Warum nicht eines Tages ich? Ich dachte, daß ich eine Chance hätte, wenn ich hart arbeitete und die Sache ernsthaft verfolgte. Die Trainer vertrauten mir. Sie begannen, mich für zukünftige Spiele einzuplanen. Sie entdeckten Qualitäten in mir. Von da ab lag es an mir, zu spielen. Als ich das begriffen hatte, wollte ich niemals mehr von meinem Weg abweichen. Ich wünschte mir, so lange wie möglich trainieren zu können, um eines Tages als Profi spielen zu können.«

Unter der Direktive von Jean Fernandez trainiert er im Alter von sechzehn Jahren mit den Profis des AS Cannes. 1989 bestreitet er sein erstes Spiel in der ersten Division gegen Nantes im Stadion »La Beaujoire«; unter den Gegenspielern: ein gewisser Marcel Desailly und ein später nicht weniger berühmter Didier Deschamps. Es ist sein erstes Profi-Spiel. Er erhält seine erste Prämie: fünftausend Francs – sein monatliches Gehalt beträgt zu der Zeit siebenhundert Francs – und schickt sie sofort seinen Eltern.

»Das stand völlig außer Frage: meine einzige Leidenschaft im Leben war der Fußball. Der Ball ging mir über alles. Ich war siebzehn Jahre alt.«

Er verläßt Familie Élineau und zieht in das Wohnheim des Ausbildungszentrums für junge Sportler der Provence, hat ein Zimmer für sich allein und lebt wie ein Mönch.

»Ich ging nicht aus, lag um 22.30 Uhr im Bett. Um 14 Uhr hielt ich meine Mittagssiesta: man hatte mir beigebracht, wie wichtig die Erholungspause war, um im Training alles geben zu können.«

Nachtclubs besucht er nicht, kauft nichts. Manchmal gönnt sich Zinédine eine Kinovorstellung. Von Zeit zu Zeit fährt er zur Grand-Prix-Rennstrecke in Monaco und träumt davon, sein Idol Ayrton Senna kennenzulernen. Niemals mehr. Er ist hin- und hergerissen.

»Ich sagte mir, daß es mir Tages fehlen würde, mich nicht in meiner Jugend amüsiert zu haben.«

1990 bestreitet er 28 Spiele. Im folgenden Jahr, am 8. Februar 1991 gegen Nantes, schießt er mit 18 Jahren sein erstes Tor in der ersten Division. Alain Pedretti, der Präsident des AS Cannes, hatte Zidane einen Wagen versprochen, sobald er sein erstes Profi-Tor erzielt.

»Ich erwartete einen Gebrauchtwagen und erhielt einen neuen, roten Clio. Er wurde mir während einer gemeinsamen Feier überreicht. Das war mein erstes Auto …«

Am Spieltag saß ein junges Mädchen auf der Tribüne. Am Vortag hatte sie an die Tür des jungen Mannes geklopft. Als er das Fest, das ihm und seinem ersten Profi-Tor zu Ehren gefeiert wurde, verläßt und in den Clio steigt, öffnete die Beifahrerin ihm die Tür. Sie fuhren zum Wohnheim.

»Sie hatte braune Haare, war hübsch, groß und einige Monate

älter als ich. Sie stammte aus Rodez, wo ihr Vater Direktor des Schlachthofs war. Sie war Tänzerin, ich Fußballer, achtzehn Monate zuvor hatten wir uns kennengelernt.«

Zidane wohnte in seinem Zimmer und Véronique in ihrem.

»Die Mädchen auf der einen Seite und die Jungen auf der anderen.«

Sie begegneten sich in den Fluren des Wohnheims unter anderen Sportlern und Arbeitern. Er schlich an den Flurwänden entlang, sprach mit niemandem. Nach dem Training ging er auf sein Zimmer, dachte an Marseille, an seinen Vater, seine Mutter, die Freunde, schlief ein und stand früh auf, ging zum Training, war manchmal niedergeschlagen, schoß ein Tor und sagte sich, daß sein Leben einmal mindestens so schön werden würde wie ein gewonnenes Spiel. Er mußte nur abwarten.

»Ich tat nicht den ersten Schritt, sondern lebte ganz allein in meiner Welt. Ich scherzte nicht, war noch viel schüchterner als heute, sprach mit niemandem. Ich wußte nicht, wie ich mit Mädchen umgehen sollte. Gefiel mir eine, konnte ich keinen Satz herausbringen. Ein Mädchen anzusprechen war der Horror für mich. Vielleicht mochte Véronique gerade das an mir.«

Zidane war ein einsamer junger Mann, groß und schlank, mit kurzen braunen Haaren, kurzem Pony und Koteletten. Er verlor in wenigen Monaten alles Kindliche, verließ morgens das Haus und kehrte abends zurück, um sich in sein Zimmer einzuschließen, als ob er sich von der Welt abschotten wolle.

»Über anderthalb Jahre begegneten wir uns täglich und gingen wortlos aneinander vorbei. Ich weiß nicht mehr, wer von uns dem anderen zunickte. Und wer als erster den anderen grüßte. Ich glaube nicht, daß ich es war …«

Als sie endlich miteinander sprachen, erfuhr er, daß sie Tanzlehrerin werden und in Cannes ihre Ausbildung abschließen wollte. In dieser Stadt fanden sie zueinander, beide entwurzelt und fern von ihren Familien.

»Dann gab ich das Zimmer auf, um mir ein Appartement zu nehmen. Ich besuchte immer noch das Gemeinschaftszentrum der jungen Arbeiter, aber ich wurde unabhängig, hatte mein eigenes Telefon, eine Kochnische, einen Kühlschrank, den ich befüllen konnte, wie ich wollte und ein eigenes Badezimmer.«

Er lud Véronique zu sich ein. Sie schmiedeten Pläne.

»Für mich stand alles fest. Im Gegensatz zu meinen Freunden wollte ich schon immer eine Familie gründen. Parties interessierten mich nicht. Spaß haben ist in Ordnung, Kinder zu haben noch viel besser.«

Was meinte Véronique dazu?

»Sie war meiner Meinung, hatte dieselben Vorstellungen, wollte das gleiche! Wir waren uns einig, wir zwei, daß eine Familie das Schönste auf der Welt wäre.«

Vier Monate später zog Véronique in das Appartement des Fußballers ein. »Von da an wußte ich, daß sie eines Tages meine Frau und die Mutter meiner Kinder würde.«

Vorher mußte er den einjährigen Militärdienst absolvieren. Für Sportler war es oft einfacher als für andere Berufsgruppen. Zidane wird zum Stützpunkt Joinville einberufen. Er nimmt nicht an der Grundausbildung teil, da er zur Militärweltmeisterschaft freigestellt ist (»Wir wurden Dritter«). Und weil er mit dem AS Cannes im UEFA-Cup spielt und sich mit der Mannschaft vorbereiten muß, genießt er Ausnahmeregelungen, um trainieren zu können. »Zwischen Juni und Dezember mußte ich gerade einen Monat Wehrdienst ableisten.«

Die übrige Zeit verbringt er in seinem Appartement, kommt jede Woche nach Hause. Die Zeit ist ihm also nicht lang geworden … Nur während der Europameisterschaft verbrachte er drei Wochen in den Niederlanden. Es war trostlos. Was macht ein einsamer junger Mann in seiner Freizeit? Er besucht eine gute alte Bekannte an der Straßenecke: eine Telefonzelle. »Ich telefonierte mindestens zehn Mal täglich mit Véronique. Ich verdiente achthundert Francs im Monat und erhielt zusätzlich noch vierhundert Francs für den Wehrdienst. Davon gingen mindestens eintausend Francs für Telefonkosten ab. Als ich die Niederlande verließ, um nach Cannes zurückzukehren, hatte ich kapiert, daß ich verrückt war nach meiner Frau.«

Das hilft. Und wie. Denn in den übrigen Bereichen läuft es nicht so gut. Drei Monate Grundwehrdienst ermüden den Fußballer. Zidane fährt montags, kommt freitags zurück und spielt am Samstag. Das überfordert ihn. Er verliert seine Treffsicherheit. »Ich machte fehlerhafte Pässe und spielte schlecht.« Er fürchtet, in die zweite Liga versetzt zu werden.

Aber da war noch etwas anderes. Die unangenehmen, richtig schlechten Nachrichten kamen aus Marseille. In der kleinen Wohnung, deren Fenster zum Platz Tartane gehen, ist die Luft mit Spannung geladen. Man befürchtet das Schlimmste.

»Es ging um meinen Vater. Er konnte nicht mehr. Er hatte jahrelang immer wieder einstecken müssen, ohne sich jemals zu beschweren. Niemand bemerkte, wie sehr er litt. Plötzlich war ihm alles zuviel. Er ertrug nichts und niemanden mehr. Er grüßte nicht mehr. Wenn die Kinder vor dem Haus Ball spielten, ging er runter und machte ihn kaputt … Er hatte vierzig Jahre seines Lebens in dem Viertel verbracht und war so ausgebrannt, daß er eines Tages explodierte. Es gab Krach, sehr viel Krach … Mein Vater brauchte Ruhe. Er konnte nicht mehr …«

Glücklicherweise erhielt Zidane eine wunderbare Neuigkeit, als er gerade wieder dabei war, seine Koffer zu packen, um auswärts zu spielen: Smaïl hört auf zu arbeiten und geht endlich in den Ruhestand!

»Als ich erfuhr, daß er nicht mehr zum ›Casino‹-Supermarkt

mußte, war ich wirklich erleichtert und beruhigt. Schluß mit der Arbeit! Er bekam eine kleine Rente.«

Zwei Jahre später zog Familie Zidane um. Smaïl und Malika gaben die Wohnung am Platz Tartane auf, um in ein Haus in den Vororten von Marseille zu ziehen. Ein Haus, in einer Wohnsiedlung gelegen, mit einem kleinen Garten. Innerhalb von sechs Monaten sah Smaïl um zehn Jahre jünger aus. Heute ist er glücklich, genießt die Sonne, kümmert sich um seinen Garten und leidet nicht mehr unter Lärm und Unruhe. Er hat Platz zum Leben. Er bleibt das Zentrum seiner Welt, und seine Familie ist größer geworden: da sind die Kinder und die Enkelkinder. Und Freunde. Arbeiter, die eine Loggia bauen, willkommene Besucher …

Smaïl bietet den Gästen Getränke an, sitzt wie sein Sohn am Tischende und unterhält sich. Und wie in Turin befinden sich in einer Ecke des Wohnzimmers Medaillen, Bilder, eine Holzskulptur, Pokale, die ein erwachsener Yazid, ein Weltmeister, mit nach Hause brachte.

Zidane ist nicht da. Er kam vorbei, ließ seine Söhne bei den Großeltern. Seine Brüder, Nordine und Farid, unterhalten sich über ihn. Malika ist mit ihrer Mutter, einer sehr alten und sehr schönen Dame mit hennagefärbten Haaren, in den Garten gegangen.

Smaïl hat das Haus ausgesucht und sich um die Papiere gekümmert. Er hat alles erledigt, wie immer.

Außer einer Angelegenheit.

»Den Scheck unterzeichnete er nicht«, sagt sein Sohn. »Aber das ändert gar nichts. Eigentlich hat er sich selbst das Haus geschenkt. Wissen Sie, warum?«

Und beiläufig, mit einer Großzügigkeit, an die außer einer Person niemand heranreicht, bemerkt er: »Ganz einfach, weil ich meinem Vater alles verdanke und bin wie er.«

Donnerstag, 18. Juni 1998

Der weiße Bus schlängelt sich durch die PKW-Kolonnen, die Motorradeskorte bahnt ihm einen Weg. Die Meute hupender, jubelnder, Lichtzeichen gebender PKW-Fahrer versucht, sich neben den Bus zu setzen oder spontan zu überholen. Diesmal geht es nicht nach Marseille, sondern nach Paris. Die Périphérique schließt an die Autobahn an und verschluckt alle in Richtung Saint-Denis Fahrenden in diesem langen Tunnel, dann ist wieder blauer Himmel und Sonnenlicht zu sehen, ehe die Abzweigung zum Grand-Stade erreicht ist.

Frankreich – Saudi Arabien.

Hinten links sitzt Zinédine Zidane, die Augen hinter einer großen Sonnenbrille versteckt, und betrachtet die Vororte. Faudel schläft in seinem Sessel.

Paris ist ihm egal. Für ihn ist Paris nur ein Durchgangsort, um nach Clairefontaine zu kommen. Er besucht Paris nie einfach nur so. »Diese Stadt ist nichts für mich.«

Mit Saint-Denis ist das etwas anderes.

Aus zweierlei Gründen.

Zuerst der weniger wichtige: das Stade de France. Er besuchte es noch während der Umbauarbeiten mit Pires und Deschamps. Es ist beeindruckend. Riesige Treppen, die zu den Tribünen führen, ein elliptisches Dach so groß wie der Place de la Concorde, das sich über einen Rasen erstreckt, dessen neuntausend Einzelstücke mit aller Sorgfalt herangezogen wurden, um dann auf dem Platz verlegt zu werden. Sitzreihen, fünfzehn bis fünfundachtzig Meter vom Spielfeld entfernt.

Als er zum zweiten Mal hierher zurückkehrte, herrschte in diesem Stadion ein ohrenbetäubender Lärm, den achtzigtausend Zuschauer machten, die die französische Nationalelf gegen Spanien spielen sehen wollten. Das war am 28. Januar 1998. Es war bitterkalt, der Rasen gefroren. Aimé Jaquet hatte gegen die

spanische Verteidigung seine Doppelspitze Zidane – Djorkaeff aufgestellt. Die Spanier waren seit dreieinhalb Jahren ungeschlagen.
»Ich schoß ein Tor für die Blauen«, bemerkte Zidane nüchtern. »Mit dem rechten Innenrist. In der zwanzigsten Minute. 1: 0 für uns.«
Heute ist er von neuem bereit, aber unruhiger als vor sechs Monaten.
Als er im Januar das Stade de France erreichte, traf er auf eine Menschenmenge und viele Offizielle. Wegen der Einweihung lag eine merkliche Spannung in der Luft. Aber damals spürte er nicht diesen speziellen Druck, der sich jetzt bemerkbar machte, sobald hier und da khaki- oder blaugekleidete und behelmte Uniformierte auftauchten. Alle ausländischen Mannschaften werden bewacht. Polizei, Gendarmerie, Militär und Spezialeinheiten sind in den Stadien im Einsatz. Ein Beamter ist umgehend zur Stelle, um Unruhestifter auf den Tribünen zu beruhigen. Geschultes Personal durchstöbert die Menge nach Hooligans. Rettungswagen, Sanitäter, Minenräumkommando, Feuerwehr stehen bereit.
Zidane verläßt den Bus und wird wie die anderen von einem Sicherheitsoffizier in Empfang genommen, der ihm auf Entfernung folgt und ihn die Flure entlang zu den Umkleideräumen begleitet.
Stade de France, zum zweiten Spiel.
»Es ist ein beeindruckender Ort. Im Laufe der Jahre bekommen die Stadien nach und nach ihr eigenes Flair.«
Frankreich – Saudi Arabien.
»Ich wußte, was die saudiarabische Presse berichtete. Aber das änderte nichts für mich. Ich hatte mich ebenso gut vorbereitet, wie auf das Spiel gegen Südafrika, nicht mehr und nicht weniger.«

Die saudiarabische Presse schrieb, daß Zinédine Zidane ein Idol in ihrem Land sei. Ein Bruder.
»Vielleicht … Ich respektiere sie sehr. Ihre Mannschaft ist sehr stark. Aber wir wollten das Achtelfinale erreichen: nichts anderes zählte.«
Seit ihrer Rückkehr aus Marseille und dem Sieg gegen Südafrika waren die Blauen nicht nachlässig geworden. Aimé Jaquet behielt den Trainingsrhythmus bei. Clairefontaine ließ keine Neugierigen passieren, und die Trainingseinheiten fanden wie gewohnt statt. Nur die Aufstellung variierte leicht: Petit und Djorkaeff bleiben auf der Bank. Bohossian spielt in der Mitte, Diomède Linksaußen, Thierry Henry Rechtsaußen. Die Verteidigung mit Thuram, Lizarazu, Desailly und Blanc blieb unverändert.
»Die Saudiaraber trainieren seit zwei Monaten. Sie haben einen Mittelstürmer, auf den man aufpassen muß: Al-Jaber. Außerdem sind sie von Dänemark geschlagen worden. Also haben sie nichts mehr zu verlieren und werden alles geben …«
Aber Zidane sorgt sich nicht. »Wir sind in Top-Form.«
Er macht einige Dehnübungen und setzt sich dann auf seinen angestammten Platz auf der Holzbank neben Lilian Thuram.
Sein Blick schweift ab und streift schnell die Spielerschränke, die Tische, Aimé Jaquets Tafel. Er hält einen kurzen Moment inne, denkt an die Eltern, an Véronique und die Kinder. Seine beiden Familien. Die, aus der er stammt und die, die er selbst gründete.
Er zieht sich in sich selbst zurück, schließt sich ein, verbarrikadiert sich hinter seiner Schweigsamkeit, während die anderen sich vorbereiten. Er sagt nichts mehr, ist in Gedanken schon auf dem Spielfeld.

Stade de France, 21 Uhr.

Entlang des Spielfeldes die La-Ola-Welle. Franzosen und Saudiaraber geben sich die Hände, Laurent Blanc küßt Barthez' Glatze, der mexikanische Schiedsrichter pfeift an. Und die Blauen geben alles. Zu Ehren des am vergangenen Samstag verstorbenen Fernand Sastre, WM-Organisationschef und früherer Kapitän der französischen Nationalmannschaft, tragen sie eine schwarze Armbinde.

»Er war diese Weltmeisterschaft. Jeder liebte ihn, den Vater des französischen Fußballs, der aber nie mit seinem Ruhm angab: man sah ihn selten, hörte wenig von ihm. Wie schön wäre es gewesen, wenn er von seinem Platz auf der Tribüne das Ergebnis seiner Arbeit hätte sehen können.«

Auf den Tribünen sitzen Minister, Freunde, ein Krawatte tragender Platini. Zidane beachtet sie nicht. Als das Spiel beginnt, konzentriert er sich ausschließlich auf das Spielfeld. Er läuft, schießt, flankt, macht sich frei, holt sich den Ball, quert, attackiert, nimmt an, zielt, wird umstellt, dribbelt, entkommt ..., spielt den Ball ins Mittelfeld, läuft mit ihm zur Außenlinie, zwei Saudiaraber hinter ihm.

Der Ball klebt an seinem Fuß, begleitet ihn wie in einem Tanz. Er täuscht an, stellt sich den Gegnern entgegen, als wolle er Scherze machen, um dann mit Leichtigkeit Thuram den Ball zuzuspielen, der direkt auf das Tor schießt. Das Publikum ist begeistert.

»Der Applaus hilft uns. Ehrlich gesagt, achtet man nicht darauf, aber irgend etwas passiert trotzdem. Ich wußte, daß Freunde auf den Tribünen saßen, die ich nicht sah und die ich vergessen hatte, ich folgte Lizarazu auf der linken Seite ...«

Der Baske läuft los, um den Ball, der in Richtung Aus rollt, abzufangen. Al-Khilaiwi ist zwei Meter von ihm entfernt. Er legt sich den Ball auf den rechten Fuß. Al-Khilaiwi rutscht mit gestrecktem Bein in ihn hinein, Liza rollt über den Rasen, und manche wollen eine Schwalbe gesehen haben.

Pfiff.

Der Schiedsrichter geht auf den saudiarabischen Verteidiger zu, die rote Karte bereits in der Hand. Während Liza sich bereits erhoben hat, sieht der gegnerische Verteidiger den Mexikaner kommen und rührt sich nicht. Eskortiert von seiner Mannschaft und offensichtlich verstört, verläßt er nach neunzehn Minuten das Feld.

»Die FIFA rief die Schiedsrichter auf, härter durchzugreifen, wenn ein Spieler von hinten attackiert wird. In diesem Fall war das übertrieben …«

Neunundzwanzigste Minute. Dugarry streckt sich nach einer Flanke von Diomède, kommt unglücklich auf, stolpert ein, zwei Schritte, strauchelt und stürzt rücklings.

Er wird ausgewechselt.

»Ich sah ihn gehen und dachte, daß er einfach kein Glück hatte, sechs Tage nachdem er in Marseille den ersten Treffer für die französische Mannschaft erzielt hatte. Er hatte wirklich kein Glück …«

David Trezeguet kommt rein. Drei Minuten später schießt er das erste Mal auf das Tor. Der Torhüter hält und schlägt den Ball ab.

Links Barthez auf Diomède. Zidane läuft parallel auf der anderen Seite und beobachtet den Spielverlauf. Lizarazu kommt mit dem Ball von hinten.

»Wir haben vier Jahre zusammen in Bordeaux gespielt und lernten unser Spiel sehr gut kennen. In dieser Zeit bauten wir Spielzüge auf, die wir im Laufe der Jahre verbesserten.«

Lizarazu gibt an Zidane ab.

»Wir spielen sehr gern miteinander und verstehen uns prächtig, im Leben wie auf dem Rasen. Wir wissen während eines

Spiels immer, wo sich der andere befindet. Liza ist leicht zu finden, er ist ein schneller Spieler und ein sehr guter Techniker ...«
Der Baske läuft los und Zidane gibt den Ball zurück.
»Ich weiß immer, wohin er sich bewegt, und er genauso. Oft kommt er von hinten, gibt den Ball an mich ab, läuft weiter und bekommt ihn wieder zugespielt. So wie hier ...«
Lizarazu nimmt den Ball an. Er dribbelt, wird angegriffen, dreht sich, tunnelt den Spieler, flankt auf Henry, der zieht ab – Tor!
Sechsunddreißigste Minute.
Frankreich – Saudi Arabien 1 : 0.
Halbzeit.
Christophe Dugarry liegt im Behandlungszimmer neben den Umkleidekabinen. Er hat einen Muskelfaserriß im rechten Oberschenkel und eine Zerrung, Verletzungen, von denen er sich nicht so schnell erholen wird. Er ist am Boden zerstört und verzweifelt. Die Spieler kommen einer nach dem anderen zu ihm, dann ist Zidane dran.
»Ich finde keine Worte. Ich lege ihm die Hand auf den Arm, das ist alles, weil es sonst nichts mehr zu sagen gibt. Ich bin traurig und er weiß das.«
Wie ein unerbittlicher blauer Zwerg steht Aimé Jaquet vor seiner Tafel. Er schreit, explodiert: »Ihr habt zu viele Chancen verschenkt! Wie macht man ein Tor? Man muß drauflosgehen! Dranbleiben! Die Angreifer müssen sich bewegen!«
Es hagelt nur noch mehr Belehrungen.
»Ihr müßt euch gegenseitig motivieren, Jungs! Es fehlt das Feuer, die Überzeugung. Und die anderen sind nur zu zehnt!«
Mit gesenkten Köpfen hören die Blauen zu. Humpelnd, mit nacktem Oberkörper und verbundenem Oberschenkel setzt sich Dugarry zu seinen Kameraden. Dann bleibt er allein zurück, sie gehen diesmal ohne ihn zurück auf das Spielfeld.

Das Publikum tobt, auf den Tribünen sind Trompeten zu hören.

Djorkaeff ersetzt Diomède. Als Zidane von einem Gegenspieler angegangen wird, geht er mit einem Knie zu Boden, streckt das rechte Bein vor, holt sich den Ball, steht wieder auf, flankt ihn auf die linke Seite und genau in dem Moment, als der Ball im Begriff ist, abgefangen zu werden, ist er wieder da, verhindert den Ballverlust, paßt zu Deschamps, der den Ball annimmt. Zidane-Pirouette. Er ist zwei Gegnern entkommen. Die Menge applaudiert stehend.

»Das ist Straßenfußball … Erfindungen. Irgend etwas, das sich vom üblichen Spiel abhebt …«

Achtundsechzigste Minute. Thuram steht einem Saudiaraber gegenüber, dribbelt und schießt. Der Torhüter hebt die Arme und kommt an den Ball, kann ihn aber nicht festhalten. Trezeguet ist da und befördert den Ball mit dem Kopf genau in den Winkel des gegnerischen Tors.

Frankreich – Saudi Arabien 2 : 0.

Siebzigste Minute.

Zidane.

Er läuft auf dem rechten Flügel. Die Nummer 6, der saudiarabische Kapitän Amin, wirft sich ihm mit gestrecktem Bein entgegen. Zidane befreit sich. Putzt seine Stollen an der Hüfte der Nummer 6.

Der Schiedsrichter pfeift ab. Fünf Meter entfernt an der Seitenlinie hebt er den Arm, nähert sich und holt eine rote Karte heraus, die er der Nummer 10 unter die Nase hält.

Vom Platz gestellt.

Die beiden Männer stehen einander gegenüber. Der Spieler und derjenige, der richtet. Beide sehr aufrecht in dem Gebuhe, das sie auslösen. Der eine holt wie ein als Sportler verkleideter pedantischer Beamter ein Notizbuch hervor und notiert einige

Worte; der andere steht mit zusammengebissenen Zähnen stolz da, rührt sich nicht. Wie ein Fuchs beobachtet er den Menschen, der ihn in die Umkleidekabine schickt, aus dem Stade de France wirft, seinen WM-Traum zerstört.
»Daran dachte ich als erstes. Das war das Ende. Eine schreckliche Katastrophe. Wenn man eine rote Karte in einer WM erhält, in der vom ersten bis zum Finalspiel nur sieben auszutragen sind, kann das in einem Drama enden, und die WM findet ohne einen statt.«
Aber er verläßt den Rasen ohne eine Gemütsbewegung zu zeigen. Mit zusammengebissenen Zähnen unterdrückt er die Wut. Um ihn herum brüllen vierundachtzigtausend Zuschauer seinen Namen, verwünschen den Schiedsrichter. Und er, Zidane, verläßt erhobenen Hauptes das Stadion, all seine Hoffnungen auf einen Schlag vernichtet, und geht in die Umkleidekabinen.
Im Vorbeigehen nimmt er eine Flasche, die ihm ein Verantwortlicher reicht. Er schaut ihn nicht an. Auch nicht die offiziellen Vertreter oder Henri Émile, der ihm einen freundschaftlichen Klaps auf die Schulter gibt. Und auch nicht den vor der Auswechselbank stehenden Aimé Jacquet, der ihn mit keiner Geste, keinem Blick beachtet.
»Das war mir egal. Er sieht mich nicht? Ich ihn auch nicht. Für mich ist er nicht anwesend. Ich bin total fertig. Ich gehe in die Umkleideräume, basta.«
Dort herrscht eine große Unordnung.
»Überall lagen Kleidungsstücke herum. Shorts und Handtücher, leere Flaschen, Unterwäsche, Taschen … Ich zog mein Trikot aus. Mir war elend heiß. Was ich getan hatte, war wirklich nicht sehr bösartig und verdiente keine rote Karte. Erst recht nicht die schlimmste aller roten Karten: die, die man in einer WM erhält. Das tut weh. Das tut schrecklich weh.«

Er bindet seine Hose auf, holt sich eine Flasche und setzt sich. Er trinkt, erinnert sich an die Europameisterschaft 96 in England. Er und Djorkaeff waren nominiert worden um Cantona zu ersetzen. Nach seinem Autounfall telefonierte Zidane noch in der Nacht mit Henri Émile, um ihm mitzuteilen, daß seine Verletzung geringfügig wäre und er ganz normal spielen könne. Er unterschätzte jedoch seinen Zustand und die Begegnung endete mit einer Niederlage für die Mannschaft. Seitdem träumte Zidane von einer Wiedergutmachung, die ihm nun schon wieder durch die Hände zu gleiten schien, diese einzigartige Möglichkeit, der ganzen Welt sein Können zu beweisen. Wie würde die WM für ihn enden?

Jemand öffnet die Tür und sagt: »Thierry Henry hat ein Tor geschossen.«

Es ist das dritte Tor. Acht Minuten später schießt Lizarazu das vierte. Zidane bekommt davon nichts mit, erinnert sich nicht daran.

Ein Jahr darauf sagt er: »Es war ein hartes Spiel. Aber alle Spiele sind hart … Dieses hier war besonders schlimm, ich habe es in schlechter Erinnerung …«

Er blieb allein in den Umkleideräumen, zog die Schuhe aus, reinigte die Stollen und erinnerte sich an das Paar Kopa, das ihm sein Vater schenkte, als er noch klein war.

»Mein Vater …«

Saint-Denis bedeutet nicht nur das Stade de France für ihn. Den Besuch mit Pires und Deschamps. Das im Januar gewonnene Spiel gegen Spanien. Dieses hier, das ihn womöglich von der WM ausschloß. Saint-Denis bedeutet auch die Erinnerung an seinen Vater Smaïl.

»Als er vor dem Algerienkrieg nach Frankreich kam, lebte er hinter dem Stadion. Damals gab es in Saint-Denis Wälder, Parzellen, die von Arbeitern gepflegt wurden, Bauland und verrottete Baracken und noch keine Schnellbahn. Meine Mutter zeigte mir einmal ein Schwarzweißfoto von damals. Mein Vater ist darauf noch sehr jung, mit nach hinten gekämmten Haaren. Er trägt eine Lederweste, ist groß und schlank, sehr gutaussehend und hat Klasse. Man sieht genau, daß er ein ganzer Mann ist und daß er sehr einsam ist. So wie ich, der in diesem Moment wie ein Dummkopf in den Umkleideräumen sitzt. Einsam. Schrecklich einsam.«

Frankreich gewann 4:0 gegen Saudi-Arabien, für alle der wichtigste Sieg in dieser WM.
Sie sangen, klatschten, gratulierten sich gegenseitig. Zidane hielt sich vom großen Trubel fern.
»Ich saß allein in meiner Ecke.«
Sie duschten, zogen sich um. Dann ging die Elf zum Pressetermin, um den Journalisten in einer aufgekratzten Atmosphäre Rede und Antwort zu stehen.
»Ich mußte mich mit dem begnügen, was mir meine Freunde erzählten, mit den gestellten Fragen, Ansichten des einen oder anderen. Das war nicht einfach ...«
Laut Didier Deschamps ist Zidanes Foul unverzeihlich (er entschuldigt sich am kommenden Morgen für diese vorschnelle Reaktion). Laut Aimé Jaquet ist es vielleicht bedauerlich, rechtfertigt aber nicht einen Platzverweis. Desailly bedauert die Mannschaft, aber er rückt die Dinge wieder ins rechte Licht: derjenige, der sich die meisten Vorwürfe macht, ist die Nummer 10 selbst. Barthez ist überzeugt, daß der Zusammenhalt der Spieler alle Probleme lösen wird. Laurent Blanc hofft, daß die Strafe nicht zu schwer wiegt, da doch die heutige rote Karte sich zu der gelben aus Marseille addiert ... von einigen kleinen Ausrutschern abgesehen, bleibt die Stimmung freundschaftlich. Zidane erklärt es aus Spielersicht und schließt damit das Kapitel: »Es gab keine Bosheiten und kleine Dinge waren schnell vergessen. Barthez hatte recht: Unsere gegenseitige Solidarität wischte alles weg. Ich bin niemandem böse. Meine Freunde waren da und hielten in dieser schweren Zeit zu mir.«
Das galt nicht für die Journalisten. Für diejenigen zum Bei-

spiel, die schrieben, daß Zidane dem Schiedsrichter »wie festgenagelt durch die Auswirkungen seines Fouls« gegenüberstand, was eine » natürliche Boshaftigkeit« offenbarte.
»Tatsächlich«, erwidert Zidane, »war es mein Unrechtsempfinden, das mich dort wie angewurzelt stehen ließ. Während des Spiels hatte ich einiges abbekommen. Zu einem bestimmten Zeitpunkt konnte ich mich nicht mehr beherrschen. Es stimmt, ich wußte sehr genau, daß man auf körperliche Angriffe nicht reagieren soll. Aber ich konnte nicht mehr … und verwünschte mich dafür. Ich bestrafte die Mannschaft und mich selbst. Aber ganz im Ernst, das war eine schwere Bestrafung. Sehr schwer … Ich war das erste Opfer der Empfehlungen der FIFA. Einige Mitglieder verlangten von den Schiedsrichtern, härter durchzugreifen. Und ich war nicht der einzige: an dem Spieltag als wir gegen Saudi-Arabien antraten, sind in anderen Begegnungen fünf Spieler ebenfalls gesperrt worden.«
Kurz nach der von Schiedsrichter Carlos Parreira getroffenen Entscheidung mußte der brasilianische Trainer der saudiarabischen Mannschaft zugeben, daß sehr wohl ein »Anti-Zidane-Plan« existierte.
»Dieser Plan beruhte darauf, mich anzugreifen, zu behindern. Ich hatte immer einen Spieler an meiner Seite. Ich verabscheue Ungerechtigkeiten und Brutalität. Ich stecke eine Unmenge Schläge ein, ohne etwas zu sagen, aber irgendwann kommt der Moment, wo ich mich nicht mehr zurückhalten kann: ich lehne mich auf, explodiere, es ist stärker als ich. Ich komme aus einem harten Viertel in Marseille. Dort wollte ich niemals den Streit, aber wenn man dich provoziert, kannst du nicht alles mit dir machen lassen!«
Die Presse begann, Zidane zu zerreißen. Einige Journalisten erinnerten an die gelbe Karte aus dem ersten Spiel in Marseille, die Ungeduld in Finnland und in Marokko. Sie beleuchteten

die Nervenstärke des Spielers. Sie stürzten sich auf seine Vergangenheit: hatte der junge Yazid nicht in Cannes einen zu forschen Gegner mit einem gestreckten rechten Bein gestoppt?
»Ja, der Trainer bestrafte mich sogar damit, daß ich für eine Woche die Umkleidekabinen reinigen mußte. Das war meine erste rote Karte. Aber welcher Spieler bekam die nicht?«
Hielten ihn seine Freunde in der Kindheit nicht für zu impulsiv und kampfeslustig, um Karriere zu machen?
»Hab ich denn keine Karriere gemacht?!«
Er erkennt dennoch an, daß seine Bereitschaft, Auseinandersetzungen auszutragen, auf dem Spielfeld größer ist als anderswo.
»Aber man darf nicht übertreiben. Bei Juventus spielte ich mindestens einmal in der Woche in der Meisterschaft und bekam nur zwei gelbe Karten im Jahr …«
Lag es also an der WM?
»Der Einsatz ist hoch und der Druck lastet schwer, das ist wahr. Die Beliebtheit bringt einen manchmal dazu, Fehler zu machen. Man wird von einem Publikum angefeuert, dem man alles geben möchte. Ich gebe alles für die, die applaudieren, für die anderen Spieler, für das Spiel, für unseren Trainer und werde immer nervöser.«
Genau, der Trainer.
Als er auf dem Weg zu den Umkleidekabinen an Aimé Jaquet vorüberging, schaute dieser ihn nicht einmal an. Wie kann man so eine Nichtbeachtung deuten?
»Das weiß ich auch nicht.«
Das erledigen andere für ihn. Man behauptet, daß der Trainer wütend war, da er ohne Spielmacher weiterarbeiten mußte, und daher ohne Spieltaktik dastand, denn alle Positionen waren doppelt besetzt, nur Zidanes nicht.
Natürlich war das alles nur Spekulation. Aimé Jaquet war sich

klar, daß Zidane unersetzlich war. Hatte er nicht erklärt, daß die zwei großen Spielmacher früherer Weltmeisterschaften Raimon Kopa 1958 und Michel Platini 1982 und 1986 waren, und die Entdeckung für die WM 1998 Zinédine Zidane sein würde? Er war sich der Einzigartigkeit seines Spielmachers bewußt, er testete andere Konstellationen, falls die Nummer 10 Schwächen zeigen sollte. Und er stellt umgehend klar, daß er seinen gesperrten Spieler nicht beachtete, weil er sich um Didier Deschamps kümmerte, der den Ausfall auffangen mußte. Wie es auch gewesen sein mag, was Zidane tatsächlich bedauerte, war nicht der Platzverweis, sondern die verpaßte Torchance in der vierten Minute.

Aber aus einem anderen Grund als allgemein angenommen.

»Hätte ich den Ball ins Netz gebracht, hätte es Christophes schwere Verletzung nicht gegeben. Er wäre nicht so aufgelöst gewesen und hätte viel ruhiger bleiben können. Seine WM wäre dann nicht so abrupt beendet worden.«

Die schlimmste Katastrophe ist für ihn nicht, aus dem Turnier ausgeschlossen worden zu sein. Die Strafe wiegt gar nichts im Vergleich zu dem, was sein Freund durchmachen muß. Zidane fragt sich, wie viele Spiele Sperre er hinnehmen muß. Bei einer roten Karte sind es normalerweise zwei Spiele. Er hofft, daß die Disziplinarkommission ihn nur für ein Spiel sperrt. Wenn seine Freunde gut spielen, besteht für ihn die Chance, weiter dabei zu sein. Aber für Christophe?

»Als wir spät in der Nacht in Clairefontaine ankamen, wußten wir, daß die Sperre für zwei Spiele galt. Es war der 18. Juni. Es gab keine Möglichkeit für mich, vor dem Halbfinale zu spielen, wenn es denn ein Halbfinale für uns gab.«

In dem Zimmer, das sich die beiden Freunde teilten, war die Luft bleischwer. Der eine leidet unter seiner Unbeweglichkeit, der andere unter der Ungerechtigkeit. Es geht ihnen schlecht.

Sie liegen auf ihren Betten, in dunkle Gedanken versunken. In Clairefontaine wird um sie herum gefeiert. Die beiden blieben allein.

»Wir waren zwei unglückliche Menschen, beide allein mit unserem Schmerz. Mein Freund machte in dem Jahr eine schwierige Phase durch, nahm an der WM teil, schoß ein Tor, es sah vielversprechend für ihn aus, und dann ist es im zweiten Spiel für ihn zu Ende. Ehrlich, ich hatte mehr Glück als er … Ich war nur wütend … Es war bestimmt nicht unser Abend.«

Um sich wieder ein bißchen aufzubauen, schauten sie sich ein Video an, das Christophe vor einigen Tagen bekommen hatte. Jemand hatte die Reaktionen seiner Eltern gefilmt, als er in Marseille das erste WM-Tor schoß. Diese Freude zu sehen, der Vater Dugarry in Tränen, das läßt sie wieder etwas zu sich kommen. Wieder und wieder schauten sie sich den Ausschnitt an. Sie lachen, es geht ihnen langsam besser. Dann, spät in der Nacht, wechseln sie die Kassette und legen das heutige Spiel ein.

Frankreich – Saudi-Arabien 4 : 0.

Frühmorgens weinen, brüllen die beiden kommenden Weltmeister, regen sich über das Schauspiel ihrer schwersten Stunde auf, der eine mit einer Verletzung am Bein und bedrückt, der andere unendlich wütend; niedergeschlagen sind sie beide.

Dugarry ist mein bester Kumpel. Ich lernte ihn in der Junioren-Nationalelf kennen, als wir fünfzehn Jahre alt waren. Richtig bekannt miteinander wurden wir 1992, als ich Cannes verließ, um nach Bordeaux zu gehen, wo er schon mit Lizarazou spielte …«

Die drei »Bordelais«. In der französischen Nationalelf ist der eine linker Verteidiger, der andere im Angriff. Der dritte, Zinédine Zidane, sagt: »Ich schoß die Flanken …«

Mit zwanzig Jahren nabelt sich der Flankengeber ein weiteres Mal ab: er verläßt die Élineau und den AS Cannes, um zu Girondins Bordeaux zu gehen.

Girondins war ein Traum, nicht vergleichbar mit Olympique Marseille, aber aus irgendwelchen schwer durchschaubaren Gründen wollte Marseille Zidane nicht. »Bernard Tapie war dafür. Einige rieten ihm, mich in Cannes zu lassen … schließlich und endlich nahmen sie einen anderen Mitspieler aus Cannes …«

Er gründet eine Familie. Véronique bricht ihre Ausbildung ab, um den Menschen, den sie über alles liebt, zu begleiten. Sie gehen gemeinsam durchs Leben.

Bordeaux ist das Unbekannte, Neue. Eine gediegene, sehr bürgerliche Stadt, nicht mit dem Trubel in Marseille vergleichbar. Wenn man dort niemanden kennt, fühlt man sich ein bißchen verloren. Aber Dugarry und Lizarazu sind da und kümmern sich brüderlich um Zidane.

»Von Liza konnte ich viel lernen, nicht nur im Fußball. Er ist sehr intelligent, sehr belesen, direkt und klar. Er haßt Unklarheiten. Dugarry ist da ganz anders.

»Er kam aus den ruhigen Vororten von Bordeaux, ich aus dem Norden Marseilles. Das sind zwei ganz unterschiedliche Welten.«

Sie sind einander sogar entgegengesetzt. Gegensätze ziehen sich an.

Die Spieler von Bordeaux gehen gemeinsam aus, spielen, besuchen Nachtclubs und viele Parties. Der Marseiller flüchtet vor der Menge und den Vergnügungen. Einladungen von Christophe lehnt er ab und geht nach Hause: seine Frau, die sich Sorgen machen könnte, wenn er nicht kommt, erwartet ihn: sie kennt noch viel weniger Menschen als er.

»Christophe wollte sich immer nur amüsieren. Ich war viel verschlossener und disziplinierter. Aber er half mir sehr. Er nahm mich unter seine Fittiche und führte mich in diese neue Welt ein, die ich dann entdeckte. Wir fuhren gemeinsam in die Ferien, ans Meer, in die Berge … Irgendwann besaßen wir sogar gemeinsam ein Restaurant.«

Das »Le Nulle part ailleurs«, »Nirgendwo anders«. Eine im Stadtzentrum gelegene Brasserie, die die beiden Freunde kauften, ohne lange zu überlegen; sie erfüllten sich einen Herzenswunsch. »Wir wollten etwas Gemeinsames besitzen. Ich kümmere mich noch heute; ich möchte wissen, wie die Geschäfte laufen, ob es allen gut geht …«

Aber Bordeaux bedeutet vor allem Fußball. Der AS Cannes, der kurz vor dem Abstieg in die zweite Liga steht, wird zu einer verblassenden Erinnerung. Die Niederlage im Halbfinale des französischen Pokals war durch nichts und niemanden zu verhindern.

»Cannes hat mich geprägt. Aber es war wichtig für mich, den nächsten Schritt zu tun und mich weiterzuentwickeln – und dann kam Bordeaux auf mich zu …«

Bordeaux wollte Zidane; Bordeaux bezahlte Zidane: dreieinhalb Millionen Francs Ablöse, vierzigtausend Francs monatlich für den Spieler. Bordeaux oder besser gesagt, der neue Trainer des Vereins, Rolland Courbis, gab ihm auch diesen Kosenamen, der später einmal um die ganze Welt geht: Zizou.
»Er kam wie ich aus Marseille. Er initiierte das Tandem, das ich mit Christophe Dugarry bildete. Anfangs spielte ich Linksaußen. Ich war eine eigene defensive Mitte.«
Er mußte noch dazulernen.
»Man sagte mir so viel Spaß am Ball nach, daß er die ganze Zeit an meinem Fuß klebte und ich vergaß, an die anderen abzugeben. Mein Spiel war zu ich-bezogen.«
Man sagte vor allem, daß er seine Muskulatur aufbauen mußte.
»Ich war gerade zwanzig Jahre alt …«
Rolland Courbis bewunderte seinen Schüler: Er freute sich immer, den Spieler mit dem Ball umgehen zu sehen, diese einzigartige Art und Weise, die viele faszinierte. Aber auf dem Spielfeld nahm er Zidane streng ran, und ließ ihn auswechseln, wenn er Müdigkeitserscheinungen zeigte.
»Das haßte ich …«
Und er zeigte es. Fast alle Mitspieler aus der Zeit hatten unter seiner schlechten Laune, ausgelöst durch einen Aufenthalt auf der Ersatzbank, zu leiden. Weil der neue Zizou ungestüm, unruhig war und unbedingt spielen wollte und, wenigstens in der ersten Zeit, ganz und gar nicht glücklich war.
»In Cannes wurde ich umsorgt. In Bordeaux fühlte ich mich sehr einsam. Es ging dort viel professioneller zu, alles war viel härter, denn ich mußte mir einen Platz erkämpfen … Das erste Jahr war schwierig und ich mochte Bordeaux ganz und gar nicht, blieb für mich allein in meiner Ecke. Anstatt Menschen kennenzulernen, etwas trinken zu gehen, meine Fußballfreunde zu treffen, blieben Véronique und ich für uns. Wir

frühstückten zusammen in der Caféteria des Supermarktes. Wir gingen nie abends aus, höchstens mal ins Kino. Ich schloß mich ein. Wir wohnten in Caudéran, fünf Minuten vom Zentrum entfernt, in einem Zwei-Zimmer-Appartement. Es gab für mich nur dieses Haus und das wunderschöne Schloß ›Du Haillan‹, wo ich trainierte. Dazwischen gab es nichts.«

So wie damals in Cannes, als er dreizehn Jahre alt war. Und immer wieder dieses Bedauern: »Wenn man bedenkt, daß ich in Marseille ein richtiger Teufelskerl war!«

Aber warum diese Veränderung?

»Ich glaube, daß ich in diesem völlig neuen Umfeld Angst hatte. Ich fühle mich unbekannten Dingen gegenüber immer unwohl, bevorzuge alles gut Vorbereitete, reiflich Überlegte. Ich hasse das Unbekannte. Wahrscheinlich hatte ich mich meinem Beruf so sehr verschrieben, weil ich mich auch schon in Cannes vor dem Unbekannten schützen wollte.«

Das hatte seinen Preis: »Ich lebte zu lange wie ein alter Mann.«

Und Zidane wiederholt, von den eigenen Worten überwältigt: »Wie ein alter Mann.«

Glücklicherweise dauerte diese graue, von Einsamkeit und Entwurzelung geprägte Phase nicht an. Zizou gewann neue Freunde. Ihm wurde klar, daß das Meer eine dreiviertel Stunde und die Berge eine Stunde entfernt waren. Daß niemand ihn in Bordeaux belästigte. Schließlich begann er, die Stadt dafür zu schätzen. Heute schenkt er ihr unzählige Lobeshymnen: »Dort lernte ich alles kennen: das Schönste, das weniger Gute, das Schwierigste … Ich war in dem Alter, wo man vieles über das Leben lernt. Jetzt fehlt mir Bordeaux manchmal.«

Zidane erlebte dort zwei wunderbare Dinge: er heiratete und Enzo wurde geboren. Diese beiden Male verließ er die gediegene Stadt, um in Marseille bei seiner Familie sein zu können. Das erste Mal, um die Heirat anzukündigen.

Die ganze Familie ist um den Tisch versammelt. Ein ernster Augenblick. Die Brüder und die Schwester wissen es schon, Vater und Mutter noch nicht. Sie kennen Véronique. Natürlich haben sie sich immer denken können, was kommen würde. Aber es muß ausgesprochen werden und an diesem Tag errang Zidane seinen größten Sieg.

»Natürlich war es nicht sehr schwierig: ich lebte schon mit Véronique zusammen, wir mußten eines Tages heiraten und Kinder haben ... Aber ich war aufgeregt und hatte schreckliches Lampenfieber. Für uns bedeutet die Heirat, ein Leben lang zusammenzubleiben. Man heiratet nur einmal ...«

Er holte tief Luft, ließ seinen Blick über den Tisch schweifen, suchte ein wenig Halt bei seiner Schwester und stieß dann sehr schnell hervor: »Vater, Mutter, ich werde heiraten.«

Es folgte Stille. Smaïl lächelte und sagte nur: »Mabrouk, mein Sohn«, was soviel bedeutet wie »Gesegnet seiest du, mein Sohn«.

Am 28. Mai 1994 waren sie auf Schloß Haillan versammelt. Der Vereinssitz von Girondins Bordeaux, mit Umkleideräumen, Trainingsplätzen, Restaurant und Parkanlage, war der Hochzeit angemessen geschmückt. Die Tänzerin erschien in Weiß; der Fußballer in Blau. Véronique trug einen Schleier, ein langes Hochzeitskleid mit Spitze und ein Lächeln so groß wie alles Glück der Welt. Zizou trug einen modernen Anzug, mit Taschentuch und Krawatte, ein Paar goldene Eheringe und ein offenes, festes und verliebtes »Ja« auf den Lippen. Die Koteletten hatten die richtige Länge. Alle Bordeaux-Spieler waren eingeladen, ebenso wie französische Freunde und Freunde aus dem Navarre, der französisch-spanischen Grenzregion in den Pyrenäen. »Es waren mindestens zweihundertfünfzig Gäste auf unserem Fest.«

Zidane fuhr ein zweites Mal nach Marseille, um anzukündigen, daß Véronique ein Kind erwartete. Wieder fanden sich alle um den Tisch ein, an dem früher alle abwechselnd essen mußten. Er holte tief Luft, schaute in die Runde, suchte Halt bei seiner Schwester Lila, um dann zu erklären: »Vater, Mutter, meine Frau ist schwanger.«
Wieder herrschte große Stille und ein lächelnder Smaïl sagte nur: »Mabrouk, mein Sohn.«

»Enzo kam am 24. März 1995 um 10.12 Uhr auf die Welt. Ich werde mich ein Leben lang an seine Geburt erinnern. Meine Frau kam morgens ins Krankenhaus, ich sollte sie mittags treffen. Um 10.12 Uhr befand ich mich mitten im Training. Um 10.20 Uhr rief mich die Klinik an, um mir zu sagen, daß die Geburt unvorhergesehen viel früher stattgefunden und daß ich seit 10.12 Uhr einen Sohn hatte.
Ich sprang in den Wagen und fuhr so schnell ich konnte zum Krankenhaus. Dort ließ ich den Wagen einfach stehen und rannte die Treppen hoch, die Flure entlang. Ich betrat das Zimmer meiner Frau, das leer war, rannte wieder durch die Flure, suchte sie überall. Ich wollte zur Neugeborenenstation. Etwas weiter weg schaukelte eine Krankenschwester eine Wiege, und ich lief auf sie zu. Sie erkannte mich. Ich hatte noch nicht mal Zeit, die Frage, die mir so auf den Lippen brannte zu stellen, da zeigte sie auf die Wiege und sagte diesen Satz, den ich niemals vergessen werde: ›Das ist Ihr Sohn.‹«
Er vergaß ihn nie. In seiner Erinnerung läuft er noch mal diesen Flur entlang, der ihn zu seinem Baby führte, das er total sprachlos, gerührt und ergriffen anschaute, weinend in den Arm nahm und liebkoste.
Und wie jedes Mal, wenn ihn die Emotionen überwältigen, möchte er sich in sich selbst verstecken, sich unsichtbar ma-

chen und senkt den Kopf, wendet den Blick ab, bleibt für einen langen Moment allein und in Gedanken verloren.

Er besinnt sich wieder auf das, was ihn schon immer den größten Kummer und die größte Freude in die richtigen Bahnen lenken ließ, wo ihm niemand seine natürliche Begabung absprechen konnte: den Fußball.

Und sagt wie zur Entschuldigung: »Meistens sind es die Erinnerungen, die mich zum Weinen bringen. Im Fußball ist das ähnlich. Wenn man Tore schießt oder verliert, weinen viele Spieler. Ich weine hinterher, wenn ich mir die Spiele im Fernsehen anschaue.«

Ein leises Lächeln zeichnet sich in seinen Zügen ab, er war wieder auf der Geburtsstation, beugte sich über die Wiege, betrachtete seinen Sohn, unschuldig und neugeboren, und dachte sich: »Er gehört zu mir.«

Der Arzt, der das Baby untersuchte, diagnostizierte eine Herzschwäche: das Herz schlug zu schnell. Er entschied, den Kleinen in einem Brutkasten unter Beobachtung zu stellen. »Er sollte die wohlige Wärme, die mit der Geburt ein jähes Ende fand, noch ein wenig länger spüren.«

Aber es gab Komplikationen. Man brachte Enzo auf die Intensivstation.

»Er war noch nicht einmal drei Tage alt und sein kleiner Körper bereits von Stichen übersäht … In so einem Fall geht dir alles mögliche durch den Kopf, vor allen Dingen, wenn es sich um dein erstes Kind handelt. Alle zwei Sekunden war ich wie verrückt vor Angst, daß ihm etwas passieren könnte und wiederholte mir ständig: ›Mein Sohn ist auf der Intensivstation.‹ Es war furchtbar. Im Vergleich dazu kam mir alles, was jemals vor Enzos Geburt geschehen war, harmlos vor.«

Eine Woche lang pendelte der Vater zwischen Stadion und Klinik.

»Es war die Hölle. Ich verbrachte Stunden im Auto, starb fast vor Sorge um mein Kind, aber auch um meine Frau. Denn für sie war es noch schlimmer: sie war zu erschöpft, um aufzustehen und Enzo zu sehen. Nach acht Tagen hielt sie es nicht mehr aus, und ich holte sie zu mir.«

Sie fanden sich beide vor ihrem Kind wieder. Gemeinsam.

»Wir waren zu dritt. Das war der Beginn eines neuen Lebensabschnitts. Ich hatte erreicht, was ich wollte, was ich immer schon haben wollte: eine Familie. Meine Familie.«

Er umarmte Véronique und beugte sich zu seinem Kleinen. Schweigend schaute er ihn für einen langen Moment an. Drei Worte gingen ihm durch den Kopf, und er flüsterte ganz dicht am Ohr seines Sohnes: »Mabrouk, mein Sohn.«

Freitag, 19. Juni 1998

Von Muskelkater geplagt, verlassen die müden, ausgelaugten Spieler die Zimmer. Die Stimmung ist nicht mehr so sorglos wie am Morgen des Spiels gegen Südafrika. Der Sieg gegen Saudi-Arabien hinterläßt einen bitteren Nachgeschmack: der Erfolg verhindert nicht die bedrückten Minen der Mannschaft, denn der Spielmacher ist gesperrt und der Mittelstürmer an Krücken gefesselt.

Auf seinen Krücken begibt sich der eine zu seinen Mitspielern. Der andere zieht sich auf seinem Zimmer um. Heute keine Shorts, sondern Trainingsanzug und T-Shirt.

Als Zidane den Frühstücksraum betritt, scheinen alle Spieler mit Saft, Müsli und dem kommenden Tag beschäftigt zu sein. Niemand spricht. In Gedanken sind alle bei dem Spiel gegen Dänemark, das in fünf Tagen in Lyon stattfinden wird.

Ohne Zidane und Dugarry.

Die Frage, die sich jeder stellt, und deren Antwort so ungewiß ist wie die Wettervorhersage, die die Fußballautoritäten im Laufe des Tages verkünden werden: wie ist die Großwetterlage für Zidane? Das heißt: für wie viele Spiele sperrt man ihn?

»Für ein Spiel«, sagen einige voraus.

»Für zwei«, klagen die anderen.

Was einen großen Unterschied ausmacht, denn die kommende Begegnung findet auf jeden Fall für die Elf statt. Aber wenn sie verlieren?

Am Vormittag verläßt Christophe Dugarry Clairefontaine, um sich in einer Pariser Spezialklinik behandeln zu lassen. Die Spieler kehren zum Trainingsprogramm zurück, heute nur »andante molto«, das heißt ohne sich zu überanstrengen.

Am späten Vormittag fällt die Disziplinarkommission der FIFA ihre Entscheidung: Sperre für zwei Spiele. Am Rande des Spielfeldes, abseits der anderen, zermartert Zidane sich das Gehirn. Er sitzt in Hemd und Hose im Gras, unweit seiner Freunde, die auf dem Rasen kicken. Er zählt die Tage, erwägt die Chance einer Rückkehr, fragt sich zum hundertsten Mal, ob die WM hiermit für ihn beendet ist.

»Wir dachten alle, daß eine Sperre für zwei Spiele zu streng geurteilt ist. Ich hatte niemanden verletzt. Die FIFA-Verantwortlichen hielten die Schiedsrichter an, härter durchzugreifen, um Spieler wie mich zu schützen, die in jedem Spiel hart angegangen werden. Das Urteil wendete sich gegen mich ...«

Aber er bleibt, will sich nicht von seinen Freunden entfernen.

»Die Stimmung unter uns war so großartig und außergewöhnlich ...«

Als Deschamps und Desailly nachmittags eine Radtour in den Wald von Rambouillet machen und die Ersatzspieler ein Match gegen die Mannschaft der französischen Polizei austragen, läuft Zinédine Zidane schimpfend und fluchend durch die Burgmauern.

Abends schaut er sich das von der Belegschaft des Schlosses für die Spieler veranstaltete Theaterstück an. In cremefarbener Hose und blauem Hemd, von Daniel Hechter für die Elf als Freizeit-Outfit entworfen, besucht er am nächsten Morgen den Markt in Rambouillet. Er reagiert auf spontanen Beifall, gibt Autogramme. Aber ebenso wie seine einundzwanzig Kameraden ist er wie gelähmt. Im Augenblick ist die gesamte französische Elf mutlos. Und Zinédine Zidane feiert einen traurigen Geburtstag.

Aimé Jaquet verteilt die Karten neu, das heißt die Aufgaben. Die Ersatzspieler rücken in die erste Reihe. Die mit Gelb Vorbelasteten werden auf diese Weise geschont und neue Möglichkeiten für die kommenden Spiele, die viel aufreibender werden als die bisherigen, erprobt.

Marcel Desailly wird Kapitän. Patrick Vieira und Emmanuel Petit spielen im Mittelfeld. Zidanes Aufgabe, die er ganz allein erledigte, übernehmen Youri Djorkaeff und Robert Pires zu zweit, David Trezeguet wird Libero. Frank Leboef übernimmt die zentrale Verteidigung. Christian Karembeu und Vincent Candela spielen linker und rechter Verteidiger.

Und das Training geht weiter. Für Zidane genauso wie für alle anderen, nur steht er unter noch größerem Druck. Natürlich spielt er nicht, weder im Turnier noch in einem Freundschaftsspiel. Doch er bleibt im Training, denn falls er im Viertelfinale wieder dabei ist, muß er sich mit der gleichen Geschmeidigkeit, Schnelligkeit und Effizienz wie die anderen in das Spiel stürzen. Also fordert er sich, um für seine Elf in Top-Form zu sein. Über fünfzehn Tage absolviert er ein intensives Training, schindet sich, leidet schrecklich. Aber diesen Preis muß er bezahlen. Wie eine Schuld. Und er zahlt, murrt nicht, wohlwissend, daß es vielleicht umsonst sein könnte, wenn die Blauen die nächste Runde nicht erreichen. Aber selbst wenn es nur eine Chance von eins zu hundert gäbe, würde er trotzdem weitermachen. Er arbeitet hart, schwitzt Blut und Wasser, reibt sich auf, beginnt wieder und wieder von vorne.

Er verändert sich. Normalerweise taucht er in der Gruppe unter. Während des Spiels entschlossen und Akzente setzend, verwandelt er sich, sobald er den Rasen verläßt, löst sich in dieser Zurückhaltung auf, die für ihn so selbstverständlich ist. Er ist nicht wie Didier Deschamps Kapitän mit Leib und Seele, der immer für die Männer da ist, sie auf ihren Zimmern besucht, mit seinen Kumpels spricht, sie vor anderen in Schutz nimmt. Zidane ist eher ein Einzelgänger. Er bereitet sich allein vor. Seine Persönlichkeit, die so zwingend ist, sobald er einen Ball am Fuß führt, verändert sich völlig, wenn er die Fußballschuhe auszieht. Er legt keinen Wert mehr darauf, Einfluß auf andere

zu nehmen. Auf die Familie, ja. Christophe Dugarry auch. Vielleicht auch einige Freunde. Aber nicht die Spieler, mit denen er zur Zeit die Tage verbringt.
Doch jetzt, als er zusehen muß, wie sie sich auf zwei Spiele vorbereiten ist das anders. Er ermutigt sie, gibt ihnen Kraft, ist für alle da. Er verhält sich wie der Kapitän oder Trainer. Er motiviert sie, will sie siegen sehen, fühlt sich für sie verantwortlich.
Am 22. Juni fährt die ganze Mannschaft nachmittags mit dem Zug nach Maçon. Einige Stunden zuvor ist das gesamte Material, Kleidung, Schuhe und Taschen der Spieler in einem LKW vorausgefahren: randvoll geladene 20 Kubikmeter.
Das Spiel gegen Dänemark soll übermorgen in Lyon stattfinden. Statt um 21 Uhr wie vorgesehen, sollen die Spiele der französischen Nationalelf nun bereits um 16 Uhr beginnen. Aimé Jaquet stellte daraufhin den Trainingsplan ebenfalls um: Frühstück findet eher statt und die Siesta wird ausgelassen.
Die Blauen beziehen ihre Unterkunft im Schloß »De Pizay« in Saint-Jean-d'Ardières und trainieren.
Zidane schaut zu.
Am 24. betreten sie, von Zidane begleitet, bei vierzig Grad und strahlendem Sonnenschein das Stadion Gerland.
Er sitzt auf der Auswechselbank und trägt ein weißes Adidas-Hemd.
»Es ist merkwürdig, hier zu sitzen. Ich beobachtete die Spieler, war in Gedanken bei ihnen, und konnte ihnen nicht helfen. Ich war schon beruhigt, weil ich wußte, daß sie sehr gut ohne mich zurechtkommen würden. Sie brauchten mich nicht wirklich …«
In der zwölften Minute verwandelt Djorkaeff einen Freistoß. Vierzigtausend Zuschauer erheben sich zu stehenden Ovationen für das Kind armenischer Eltern, das in den Vororten von Lyon geboren wurde.

»Wie recht sie hatten. Youri ist ein Super-Fußballer.«
Nach wenigen Minuten in der zweiten Halbzeit pfeift der Schiedsrichter einen Strafstoß gegen die Blauen. Es ging alles sehr schnell. Michael Laudrup ist am Ball.
»Man hätte das voraussehen können; ein klassischer Zug. Man spielt sehr schnell, um die gegnerische Verteidigung zu destabilisieren ...«
Candela behindert einen Spieler am Strafraum der Dänen.
»... man provoziert einen Fehler.«
Der Schiedsrichter pfeift einen Strafstoß.
»... es gibt Elfmeter ...«
Laudrup legt sich den Ball zurecht.
»... und Tor.«
»Ich sagte mir, wenn die Blauen verlieren, wäre ich auch irgendwie dafür verantwortlich.«
Aber in der sechsundfünfzigsten Minute befreit Emmanuel Petit Zidane von seinen Sorgen: bereits am Boden liegend erzielt er das zweite Tor für Frankreich. 2:1
Zidane applaudiert.
»Wir waren erster in der Gruppe C. Die Frage, die sich nun stellte, war, wem wir im Achtelfinale gegenüberstehen. Es hätte Bulgarien, Spanien oder Paraguay sein können.«
Am selben Abend erfuhren sie nach dem Abendessen, daß es Paraguay sein würde.
»Dänemark war relativ einfach, außerdem waren wir schon qualifiziert. Ich wußte, daß es gegen Paraguay viel schwieriger werden würde.«

Wie schwierig es wird, wird ihm jedoch erst später bewußt. Am 28. Juni, als er in Lens durch die Katakomben des Stadions läuft, ruft er den Journalisten, die ihm folgen, zu: »Auf der Bank sitzen bleiben zu müssen, ist anstrengend. Heute wird es schlimmer werden als am Mittwoch, es wird sogar schrecklich werden.«

Der Leidensweg dauert fast zwei Stunden. Die Blauen kämpfen gegen eine paraguayische Mannschaft, die nichts mehr zu verlieren hat und die sich mit allen Mitteln verteidigt. Von Spielbeginn an ist ihre Taktik klar: eine unbezwingbare Verteidigungslinie aufbauen, damit irgendwie die reguläre Spielzeit überbrücken, um bis zum Elfmeterschießen zu kommen. Der Torhüter und Kapitän, José Luis Chilavert, gibt alles. Außerdem ist er ein großer Schauspieler. Er gibt den Spielern Anweisungen, ermutigt sie, schreit sie an, postiert sie, ruft nach ihnen, verläßt das Tor, um bis zur Mittellinie zu laufen, brüllt mit erhobenen Fäusten, schlägt in die Hände, ignoriert den Schiedsrichter, der ihm eine gelbe Karte gibt, verschanzt sich im Tor und hält, was es zu halten gibt.

Von der Bank her beobachtet und bewundert Zidane ihn. »Er ist eine echte Persönlichkeit, unglaublich. Diese Gestik, seine Brüllerei … Nicht schlecht!«

Zur Halbzeit hatten die Blauen kein Tor erzielt. Während der zweiten Hälfte wird Emmanuel Petit ausgewechselt, ebenso Thierry Henry, der sich den linken Knöchel verstauchte. Zidane schaut ihnen betrübt nach.

»Titi ist ein hervorragender Spieler. Er ist unglaublich schnell und in beeindruckender Form. Wenn er das Spielfeld betritt, gibt er alles, geht bis zum Äußersten.«

Und er selbst nicht?

»Man ist natürlich noch nicht alt, aber mit sechsundzwanzig Jahren ist die Motivation nicht mehr so wie mit zwanzig. Man hat Erfahrung, versucht die Kräfte sinnvoll einzusetzen … Von Jahr zu Jahr ändert sich meine Sichtweise der Spiele …«

Aber an diesem Tag, als er die Taktik der Paraguayer beobachtet, teilt er die allgemeine Ansicht: »Wir sind gegen Mauern gelaufen, auf Spieler getroffen, die sehr stark in der Verteidigung sind, die nichts außer Kontrolle geraten lassen wollen, die davon träumen, die französische Nationalelf zu schlagen, um das Viertelfinale zu erreichen. Also geben sie alles.«

Einige Minuten vor dem Ende der regulären Spielzeit ertönt die *Marseillaise* aus den Reihen der Zuschauer, doch Grund zum Jubeln besteht noch nicht: Verlängerung, zwei Mal fünfzehn Minuten. Die Mannschaft, die als erste ein Tor schießt, hat gewonnen: Das ist das Prinzip des »Golden Goal«.

»Meiner Meinung nach sollte es weder Verlängerungen noch das Golden Goal geben …«

Die Spieler sind erschöpft. Sie hasten hinter dem Ball her, mobilisieren ihre letzten Kräfte. Sie wissen, wenn sie verlieren, ist die WM für sie beendet.

Zidane sitzt auf der Ersatzbank neben Christophe Dugarry. Gestikulierend zeigt er auf seine ganz eigene Weise, daß ihn Sorgen plagen. Wenn er schreit, hört man es kaum. Wenn er sich nicht mehr beherrschen kann, dann verschränkt er die Arme, schüttelt den Kopf, schließt die Augen. Es ist schon viel mehr als eine Gewohnheit. Es geht ihm sehr schlecht.

»Normalerweise bleibe ich gelassen auf der Auswechselbank. Auch, wenn die Mannschaft gewinnt oder ein Tor kassiert. Aber dieses Mal konnte ich nicht mehr. Ich wollte unbedingt, daß unsere Mannschaft es schafft. Ihretwegen, weil sie alles gegeben haben. Meinetwegen, weil ich noch mal spielen wollte. Verlängerungen sind ebenso schrecklich wie Elfmeterschießen. Es kann dramatisch oder außergewöhnlich enden. Am Spielfeldrand auf der Bank sitzend hatte ich größte Lust, auf das Feld zu gehen.«

Aber er bewegt sich nicht. Er wartet ab, hofft auf ein Wunder. Die Minuten verrinnen unendlich langsam. Der paraguayische Torhüter wartet nur auf das Elfmeterschießen.

Und dann geschieht das Wunder. Sechseinhalb Minuten vor Ende der Verlängerung bricht Laurent Blanc durch die gegnerische Verteidigung in den Sechzehnmeterraum. Er läuft an Pires vorbei, der gerade den Ball an Trezeguet abgegeben hatte, der ihn mit dem Kopf der Nummer 5 vorlegt. Blanc streckt das Bein. Chilavert nähert sich auf der rechten Seite. Der Ball fliegt in die linke Ecke.
Golden Goal.
Frankreich – Paraguay 1:0.
Chilavert rollt geschlagen über den Rasen. Barthez geht zu ihm, hilft ihm aufzustehen und umarmt den gegnerischen Torhüter. Blanc steht still, dem Publikum zugewandt und mit offenen Armen da. Chilavert fängt sich, geht zu seinen Spielern und muntert einen nach dem anderen ein wenig auf.
Zidane läuft in Windeseile zu seinen Kameraden. Er hält plötzlich inne, schlägt auf die Erde, zeigt seine Freude, das Glück, die Hoffnung. Er hat wieder zu seiner Mannschaft gefunden, nimmt seinen Platz wieder ein, ist kein einsamer Mensch mehr.

Vier Jahre zuvor erhob sich Zidane genauso erwartungsvoll von der Reservebank, auf der er saß, bis Aimé Jacquet ihn einwechselte.
Drei Schritte.
Drei Schritte, die ihn vom Auswechselspieler zum gefragten Fußballer machten und ihn bis zur Weltmeisterschaft führten.
17. August 1994, im Stadion »Parc Lescure« in Bordeaux. Die französische Elf spielt gegen Tschechien und liegt mit 2:0 im Rückstand. Das Publikum buht die Spieler aus, Ginola, Thuram, Blanc, Cantona, die sich nicht gegen die Tschechen durchsetzen können, und das auch noch in einem Heimspiel.
Aimé Jacquet wartet auf ein Wunder, das Spiel ist ein Desaster. Und weil Corentin Martin, wie viele andere vor ihm, keine entscheidende Wendung bringt, entscheidet er sich, den Spieler einzusetzen, den er sich von Girondins nach der Verletzung eines gewissen Youri Djorkaeff »ausgeliehen« hat.
Zidane soll sich aufwärmen.
Der junge Mann gehorcht. Es ist seine Chance und er weiß das. Seit er in Bordeaux spielt, ist er mannschaftsintern aufgestiegen: vor zwei Jahren spielte er Linksaußen. Während seiner ersten Saison schoß er zwölf Tore in der Meisterschaft. Rolland Coubis wartete einige Monate, dann vertraute er ihm die Nummer 10, das Trikot des Spielmachers an.
Als er den Rasen in der dreiundsechzigsten Minute an diesem 17. August 1994 betritt, trägt Zidane die Nummer 14 und das blaue Trikot. Das Publikum läßt sich nur schwer durch den Auftritt des jungen, schlanken Mannes beruhigen. Ein junger Mann, der nur an zwei Dinge denkt: Er spielt in der französi-

schen Nationalelf, und oben auf der Tribüne sitzen seine Mutter und seine Frau, die ihn beobachten.
Smaïl ist auch da. Er verfolgt nie direkt das Spiel seines Sohnes, sondern schaut es sich viel später als Aufzeichnung an. An diesem Tag bleibt er seiner Gewohnheit treu und beobachtet die anderen Spieler. Er sieht nicht den vertanen Freistoß von Yazid, auch nicht die folgenden ungelenken Pässe. Er sitzt mitten in einer unzufriedenen Menge, die die Blauen mit Schmährufen eindeckt, und fragt sich, ob es nicht bald Ruhe gibt. Er sieht auch nicht Laurent Blanc, der einen Paß auf die Nummer 14 spielt, die einen Angriff vortäuscht, losläuft und mit links aus 25 Metern Entfernung ins Schwarze trifft.
Das Publikum ist still, hält den Atem an. Dann erhebt sich Jubel. Smaïl begreift, daß etwas passiert ist. In der vierundachtzigsten Minute hat die Nummer 14, Zinédine Zidane, ein Tor gegen die Tschechen erzielt. Und zwei Minuten später, auf eine Ecke von Angloma, gleicht er mit einem perfekten Kopfball aus. Das Publikum ist begeistert.
Nach dem Spiel geht ein Mitspieler zu ihm. Er ist groß, stämmig, geradeheraus und heißt Éric Cantona. Er übergibt der Nummer 14 den tschechischen Wimpel und sagt: »Du bist jung und hast ihn verdient. Du wirst es weit bringen.«
Einige Tage zuvor, als Zidane zur Mannschaft gestoßen war, gab es ein Treffen der Spieler, um einige wesentliche, spielrelevante Dinge zu klären. Der Neue blieb auf seinem Zimmer. »Ich war gerade angekommen. Ich wußte nicht, warum ich mit den anderen hätte sprechen sollen.«
Cantona holte ihn dazu. Er sagte: »Dein Platz ist hier, bei den Spielern.«
Ein anderes Mal gibt er ihm sein Paar Schuhe.
Viel später erinnert Zidane sich:
»Cantona hatte Charakterstärke, war eine Persönlichkeit.

Wenn er meinte, zu jemandem ›Scheiße‹ sagen zu müssen, tat er es. Ich mag solche Typen wie ihn, die frei heraus und direkt sind …«
Cantona behielt recht. Das Spiel gegen Tschechien war für Zidane der Beginn einer aufsehenerregenden Karriere. Die Profis kannten seine herausragenden technischen Fähigkeiten bereits. Nun hatten sie entdeckt, daß er ein ebenso hervorragender Torjäger ist.

Er bleibt in Bordeaux und spielt weiter in der französischen Nationalelf. Am 6. September 1995 schießt er ein Tor im Spiel gegen Aserbaidjan, am 11. Oktober gegen Rumänien, am 21. Februar 1996 gegen Griechenland. Dann gegen Italien, Spanien, Norwegen, Belgien und Brasilien. In Cannes schoß er sechs Tore. In Bordeaux schlug er alle Rekorde: achtundzwanzig Tore.
»Nur die Europameisterschaft verlief nicht gut. Ich war am Ende … 1996 absolvierte ich mehr als sechzig Spiele.«
Trotzdem nimmt in diesem Jahr Juventus Turin Kontakt zu ihm auf. Zidane überlegt nur kurz und unterzeichnet: er weiß, daß sein Freund und Agent, Alain Migliaccio, achtgibt; er weiß auch, was Juventus Turin für ihn bedeutet: »Der beste Club der Welt.«
Der Transfer vollzieht sich für fünfundzwanzig Millionen Francs. In Bordeaux ist niemand erstaunt über den Weggang des Stars: er ist aus der Stadt herausgewachsen.

Freitag, 3. Juli 1998, Stade de France

»Juventus war eine schonungslose Erfahrung für mich.«

Juventus im speziellen, aber auch Italien im allgemeinen. Um sich daran zu erinnern, braucht Zidane an diesem Freitag, den 3. Juli um 18.30 Uhr im Stade de France, nur den Blick über die französische Mannschaft schweifen zu lassen. Das Viertelfinalspiel befindet sich im dritten und letzten Akt: das Elfmeterschießen. Neunzig Minuten reguläre Spielzeit und zwei Mal fünfzehn Minuten Verlängerung brachten keine Entscheidung. Die erschöpften Spieler liegen am Boden. Cesare Maldini für Italien und Aimé Jacquet für Frankreich benennen jeweils die ersten fünf Spieler. Djorkaeff hätte beginnen sollen und lehnt ab. Seine Muskeln gehorchen ihm nicht mehr, er ist ausgelaugt. Ebenso wie Deschamps, der vom Platz ging.

Zidane erinnert sich an die Aussage Dr. Jean-Marcel Ferrets, dem Arzt der Mannschaft. Vor der Begegnung schätze er die physische Kondition der Italiener stärker ein, vor allen Dingen im Falle einer Verlängerung. Italien – Norwegen am 27. Juni, Frankreich – Paraguay am 28.: das hieß vierundzwanzig Stunden mehr Zeit zur Regenerierung, und das zählt für einen Spieler. Vor allen Dingen, wenn er hundertdreizehn anstrengende Minuten in elender Hitze absolvierte.

»Italien war nach dem Paraguay-Match keine Herausforderung. Wir kannten die Spieler, wußten, wie sie ihre Spielzüge aufbauten, wir hatten immer gegen sie gewonnen und hatten Selbstvertrauen.«

In der ersten Halbzeit zeigte sich die Überlegenheit der Blauen. Niemandem gelang ein Tor, aber es gab viele Gelegenheiten. Die elf Gegenspieler verharrten in einem extrem kraftraubenden Defensivspiel, kaum mehr. Selten offensiv, zu lange Pässe …

»Sie hatten hervorragende Angreifer, aber in der Qualifikation hatten sie besser gespielt.«

Dann wog die Müdigkeit schwer. Und die Fouls, die den Spielfluß immer wieder unterbrachen. Zidane war als erster dran.

»Sie schickten mir Pessotto auf den Hals.«

Als der in der dreiundneunzigsten Minute durch Di Livio ersetzt wird, wird er für die Effizienz seines Spiels gelobt: die Nummer 10 wurde durch seine störenden Aktionen perfekt blockiert.

Schon im Training in Senlis hatten die Italiener wiederholt den Journalisten signalisiert, daß für sie der Stratege von Juventus, Zinédine Zidane, der am meisten gefürchtete Spieler der Blauen ist.

»Sie kannten mich seit 1996. Ich spiele jeden Sonntag in der italienischen Meisterschaft mit ihnen oder gegen sie.«

Giovanni Agnelli, Fiat-Chef, graue Eminenz von Turin und Geldgeber von Juventus, kaufte ihn von Bordeaux. Der Neue bekam nicht die Nummer 10, die von Platini an Del Piero weitergegeben wurde, sondern die freie 21. Er mußte defensiv spielen und war anfangs nicht eben brillant. Wenn man in Italien verliert, bleibt man am nächsten Tag besser zu Hause. Agnelli ärgerte sich über die schlechten Vorstellungen des Franzosen: »Ist das der Spieler, den ich so teuer bezahlt habe?« Antwort des Spielers: »Ich bin es gewohnt, ein Fremder zu sein und weiß, daß ich doppelt so hart arbeiten muß, um akzeptiert zu werden und meinen Platz zu finden.«

Er trainierte hart. Um sich ein Umfeld zu schaffen, in dem er sich geborgen fühlen konnte, ließ er nicht nur seine Familie, sondern auch seinen Freund Malek nach Italien kommen.

»Er ist ein guter alter Kumpel, mit dem ich vieles gemeinsam habe. Als wir klein waren, blieb er während der Spiele immer an meiner Seite und stand wartend im Regen … Als ich nach

Italien ging, fragte ich ihn, ob er mich begleiten wolle, weil ich einen Freund brauchte. Er wohnte zwei Jahre bei mir, dann ging er zurück nach Hause. Er mußte auch seinen eigenen Weg gehen …«

Malek kehrte nach Frankreich zurück, und Zidane gab nicht auf, kämpfte weiter. In Frankreich ist die Saison viel kürzer. In Italien ist alles viel kompakter, also auch viel intensiver. Und die Beanspruchung viel größer. Alle haben den permanenten Anspruch zu siegen. Dem Regiment von Juventus Turin unterworfen, erschien es Zidane, niemals zuvor so hart gearbeitet zu haben. Das Training zwang ihn in die Knie.

»Einige Male mußte ich mich übergeben.«

Er trat die Nachfolge eines anderen Franzosen an, der von den Fans verehrt wurde, und in der französischen Nationalelf das Trikot mit derselben Nummer trug wie er: Michel Platini. Als er zum ersten Mal die Umkleidekabinen von Juventus Turin betrat, zeigte ihm jemand seinen Platz: »Richte dich hier ein. Das war Platinis Platz.«

Platini nahm ihn immer in Schutz: als man ihn in Turin kritisierte, meinte er: »Er ist kein Anführer, aber er hat außergewöhnliche Qualitäten« –, oder, um den Druck von ihm zu nehmen – »Nein, er verspielt nicht seinen guten Ruf gegen Italien in diesen Endrundenspielen der WM« –, um ihn dann zu loben – »Meines Erachtens ist Zidane der herausragendste Fußballer der letzten zehn Jahre«.

Platini sitzt an diesem Freitag nachmittag zwischen Jacques Chriac und Lionel Jospin.

Véronique ist auch da. Aber Zidane ist mit den Gedanken woanders. Als erster Franzose geht er zum Elfmeterpunkt.

»Wenn man sich nicht voll konzentriert, versagt man.«

Kurz vorher bereiteten sich die beiden Torhüter vor. Barthez, in Schwarz und Weiß, lachte, als er seine Schienbeinschützer

richtete; Pagliuca in Schwarz und Orange saß angespannt auf der Bank.
»Das Elfmeterschießen ist immer dramatisch.«
In elf Metern Entfernung steht der Torhüter in Position. Aufrecht, die Arme am Körper, geschmeidig wie ein Tiger vor dem Sprung.
Zidane beugt sich über den Ball. Er legt ihn sich vorsichtig noch einmal zurecht.
»Ich muß vorher ganz genau wissen, wohin ich schießen werde.«
Sechs Schritte zurück. Er beginnt, er gibt der französischen Mannschaft den entscheidenden Impuls.
Er fixiert das Tor mit zusammengebissenen Zähnen und schmalen Augen. Ein Schritt zurück. Der Torhüter verlagert sein Gewicht auf das rechte Bein, die linke Hand ein wenig angehoben, in halbsitzender Position. Er senkt den Kopf, hebt ihn wieder, zwölf Sekunden.
Der Schiedsrichter steht in der Mitte.
»Wenn man einen Elfmeter schießt, muß man ganz leer sein.«
Zidane macht zwei Schritte zurück.
»Es zählen nur der Ball und der Torhüter.«
Pfiff.
»Man muß den Punkt, den man treffen will, anvisieren und schießen.«
Zidane geht einen weiteren Schritt zurück. Er hat den Punkt anvisiert und wird schießen.
»Ich allein wähle die Ecke aus.«
Zidane läuft fünf Schritte an, fixiert den Ball. Er schießt mit rechts und streichelt den Ball mit dem Innenriß. Der Torhüter entscheidet sich für die linke Ecke, streckt sich, kommt auf dem linken Daumen auf und windet sich, während der Ball exakt da ins Tor geht, wo Zidane ihn hinhaben wollte.

Er geht zu seinen Leuten am Anstoßkreis.
Die Italiener auf der einen, die Franzosen auf der anderen Seite.
»Marcello Lippi trainierte mich ... Drei Monate nach meiner Ankunft in Turin, als die Kritiker auf mich einschlugen, entschied er, daß ich im Champions-League-Spiel gegen Wien nicht dabei sein sollte, um meine Kräfte für den darauffolgenden Sonntag, für das Spiel gegen Inter Mailand, zu schonen. An diesem Sonntag gewann Juventus mit 1:0 und ich schoß das Tor, mein erstes im italienischen Fußball. Danach ließ man mich in Ruhe.«
Roberto Baggio betritt den Strafraum, steht Barthez gegenüber. Er hebt den Ball auf und setzt ihn wieder ab. Er wartet auf den Pfiff des Schiedsrichters, nimmt langsam Anlauf, zielt und schießt das Tor.
Gleichstand.
Lizarazu.
Er sieht müde aus und schaut Pagliuca an, geht elf Schritte zurück. Pagliuca ist konzentriert, kaut Kaugummi und bewegt sich sanft von rechts nach links, den Blick fest auf den Gegner gerichtet. Er ist bereit. Lizarazu schießt, zu flach, mit dem linken Fuß, so daß sein Schuß kraftlos bleibt. Pagliuca hält den Ball. Lizarazu hebt den Kopf, schließt die Augen, bedeckt sein Gesicht mit den Händen und entfernt sich.
Deschamps geht zu ihm, umarmt ihn und tröstet den unglücklichen Spieler.
Ist das ein schlechtes Zeichen? Am Morgen loste die FIFA die Trikotfarben, und Frankreich gab die blauen Trikots an die Italiener ab und spielte selbst in Weiß. Die *Marseillaise* wurde nach den *Fratelli d'Italia*, der italienischen Nationalhymne, gespielt. Und die Franzosen bekamen die Umkleideräume der Gastmannschaft. Alle Mannschaften, die diese Räumlichkeiten bislang gehabt hatten, waren ausgeschieden.

»Selbstverständlich hatten wir keine Angst. Sieben von uns spielen in Italien. Wir beruhigten die anderen. Und außerdem waren wir sehr gut vorbereitet …«
Auch auf schlechtes Wetter. Aber als Albertini schießt, Barthez hält und das Publikum johlt, scheint die Sonne wieder, auch wenn es frisch bleibt. Zidane setzte sich auf den Rasen, Petit an seiner Seite. Hinter ihm verfolgen Derrière, Deschamps, Djorkaeff und Thuram den Elfmeter von Trezeguet. Entlang der Linie, auf der Auswechselbank schauen auch die anderen zu. Henri Émile dreht seinen Kugelschreiber. Aimé Jaquet knetet sein Heft. Dugarry beißt sich auf die Zunge.
Trezeguet schießt: Tor.
Zidane applaudiert.
»In Turin lernte ich, immer gewinnen zu wollen. Das Trikot von Juventus zu tragen ist etwas ganz Besonderes. Man muß mithalten können, in Topform sein. Dort zu spielen, ist eine große Herausforderung.«
Er steht auf, nachdem Costacurta getroffen hat. Der italienische Spieler entfernt sich, das Trikot über das Gesicht gezogen. Thierry Henry ist der nächste. Zidane kniet sich aufrecht mit auf dem Rücken verschränkten Armen in den Anstoßkreis. Deschamps sitzt mit ausgestreckten Beinen neben ihm.
Henry trifft. Die Franzosen führen 3:2.
»Dann war Vieri dran …«
Christian Vieri. Der beste Torschütze in diesem Turnier. Auf Anordnung von Jacquet bewacht von Desailly und Blanc. Ein Stier, mit dem Spitznamen »El Mudo«, der Stumme.
»Daß ich die anderen kannte, änderte nichts. Wir umarmten uns vor dem Match und würden es danach tun. Dazwischen vergaß ich alles. Die Rivalität ist so ausgeprägt, als würden wir uns nicht kennen. Wenn man so lange freundschaftlich mit dem Gegner verbunden ist, und das nicht aushalten könnte,

geriete die WM zu einem Freundschaftsturnier. Man muß sich auf die eigene Mannschaft besinnen …«

Aber Vieri ist nicht wie die anderen. Ehe er zu Athletico Madrid wechselte, spielte er bei Juventus Turin. Dort lernten die beiden sich kennen, wurden Freunde. Er war der letzte Italiener, mit dem er am Morgen sprach, bevor er sein Handy abschaltete. Zu Beginn der WM wünschten sie einander viel Glück. Sein Freund.

»Natürlich schoß er ein Tor … Danach ging er ohne ein Wort, ohne eine Geste, war nur erleichtert.«

Es war sein Geburtstag.

Gleichstand.

Der letzte Schütze für die französische Elf ist Laurent Blanc. Wenn er verschießt und der letzte italienische Spieler trifft, scheidet Frankreich im Viertelfinale der WM aus.

Er beugt sich über den Ball, nimmt ihn auf, plaziert ihn, entfernt sich, Pfiff, er schießt. Pagliuca wirft sich auf die linke Seite. Der Ball landet im Tor.

Die Zuschauer sind aus dem Häuschen. Im Kreis der italienischen Spieler verdunkeln sich die Minen, sieht man lange Gesichter. Patzte Italien, steht Frankreich im Halbfinale.

Zidane rührt sich nicht. Er wartet auf Di Biagio. Der Fortgang der WM hängt von ihm ab, von seinen Nerven. Er ist der letzte Elfmeter-Schütze der italienischen Elf. Und Fabien Barthez das Bollwerk der französischen Elf. Barthez hat aufgehört zu lachen. Barthez, in der Mitte des Tores stehend, sein Territorium bewachend. Barthez hört nicht Vincent Candela, der am Spielfeldrand sitzend voraussagt, was in der nächsten Sekunde passieren wird:

Di Biagio wird versagen und zu hoch schießen.

Di Biagio verschießt. Während er sich geschlagen am Boden windet, stürmen Spieler, Freunde, Familie, Offizielle das Feld.

Alle rennen auf die Helden der französischen Elf zu. Man umringt ihn, umarmt ihn. Sie weinen, singen, lachen, tanzen. In einem unbeobachteten Moment verschwindet Zidane. Man sucht ihn vergebens. Er ist weder bei den Blauen noch bei Véronique oder in den Umkleideräumen. Unsichtbar. Versteckt.
Er kann den italienischen Spieler, der auf die Fragen der Journalisten antwortet, nicht hören; den Mann, der die Aufgabe hatte, ihn zu bewachen, ihn nicht zum Zug kommen zu lassen: Gianluca Pessotto, der sagt: »Ich wünsche Zidane, daß er die WM gewinnt. Er verdient es.«
Zidane ist woanders, weit weg von der WM oder dem, was er verdient. Er tröstet seinen Freund Christian Vieri, der heute weinend seinen Geburtstag feiert. Zidane murmelt: »Du bist und bleibst der Beste von uns allen. Und wir werden immer die besten Freunde bleiben.«
Ja, sicher, aber Italien hat das Halbfinale nicht erreicht.

Freitag, 3. Juli 1998, Clairefontaine

Die Frauen der Spieler sind angekommen. Sie folgten den Spielern in einem für sie reservierten Bus. Seit dem Beginn der WM sind sie da, schauen aber immer nur kurz vorbei. Sie schauen zu und umarmen ihre Liebsten nach den Spielen. Man begegnet sich in den Umkleideräumen, danach gehen sie in ihr Hotel, während die Spieler sich ausruhen. Aber nicht heute abend. Didier Deschamps machte sich zum Sprecher der Mannschaft. Er suchte Henri Émile auf, denjenigen, der sich um die großen und die kleinen Dinge kümmert.

»Könnten sie heute abend nicht bei uns sein?«

Henri Émile war immer dafür, daß die Frauen die Spieler nach den Begegnungen besuchen. Er stand ihnen hilfreich zur Seite, sorgte für Unterkünfte in Marseille sowie in Lens, Lyon und Paris. Aber nur unter der Bedingung, daß sie nicht blieben: Das empfindliche Gleichgewicht der Spieler darf nicht gestört werden …

»Und die Erholung?« fragt er Deschamps.

»Danach.«

»Die Massagen?«

»Nachher.«

»Sie essen mit uns und fahren wieder, einverstanden?«

Didier Deschamps sagte zu. Dann verkündete er die gute Neuigkeit. Die Umkleideräume des Stade de France füllten sich mit neuem Leben. Henri Émile nahm sein Telefon, rief in Clairefontaine an, um die Frauen für das Abendessen anzukündigen. Zidane und Véronique sind gemeinsam mit den anderen im großen Salon des Schlosses gewesen. Dann gingen sie Arm in Arm im Park spazieren, begegneten anderen Paaren, die auf der Treppe saßen, an einem Baum lehnten, Hand in Hand über die Wiese liefen.

Zidane konnte nicht schlafen, war aufgeregt, nervös, wie nach jedem Spiel. Er würde lange Zeit nicht einschlafen können. Véronique hatte ihm Neuigkeiten von den Eltern und den Kindern berichtet, detailliert aus dem Leben erzählt, an dem er nicht teilhaben konnte. Er sagte sich, daß er sie alle in einer Woche wiedersehen und alles wie vorher sein würde.

Am 8. oder 12. würde er in Urlaub gehen.

»Möchtest Du am 8. oder 12. zu uns kommen?« fragte eine lachende Véronique. »Der 8. ist ein Mittwoch, der 12. ein Sonntag. Denk gut nach.«

»Am 8. ist das Halbfinalspiel und am 12. das Finale – ich kann nichts versprechen, aber meiner Meinung nach haben wir eine reelle Chance, daß es Sonntag wird.«

»Wenn Dir das lieber ist …«

»Eigentlich hätte ich Mittwoch vorgezogen, vier Tage eher bedeuten vier Urlaubstage mehr.«

»Einverstanden. Und ich will Dich nicht vor Sonntag sehen.«

»Probieren können wir es«, meint Zidane abschließend.

Wenn er am Mittwoch, dem Abend des Halbfinales, heimkehrte, hätte er versagt. Am Sonntag, dem Finaltag, bestünde die Chance, ihn als Weltmeister begrüßen zu können.

Er zog Véronique an sich und langsam gingen sie zum Schloß zurück. Es war fast Mitternacht, das von Henri Émile aufgegebene Limit. Die Stunde des Abschieds. Man würde sich Mittwoch wiedersehen. Im Stade de France. Beim Spiel gegen Deutschland oder Kroatien.

Der Bus stand leise brummend vor dem Schloß, wie an dem Tag, als die Mannschaft von Sports Olympiques de Septèmes nach Perpignan fuhr. Aber seitdem ist viel Wasser den Fluß hinuntergeflossen. Und es waren nicht mehr Smaïl und Malika, die Yazid auf seinen ersten Schritten einer langen Reise begleiteten.

Zidane, die Nummer 10 der französischen Nationalelf, half

seiner Frau, in den Bus zu steigen; dann ging er zu seinen einundzwanzig Kameraden auf dem Schloßplatz und winkte den sich in die Nacht entfernenden Fahrgästen zum Abschied zu.

n der Saison 2000/ 2001 mit Teamkollege Edgar Davids bei Juventus Turin.

Im Trikot von Girondins Bordeaux im UEFA-Cup-Spiel gegen Ciriaco Sforza vom FC Bayern München

Frankreich – Deutschland 1:0. Länderspiel im Februar 2001, im Hintergrund Didi Hamann.

In den Jahren 1998, 2000 und 2003 wurde Zidane als »Weltfußballer« geehrt. Hier bei der Preisverleihung 2002 mit dem Sieger Ronaldo (links) und Oliver Kahn (rechts).

Die EURO 2004 war für Frankreichs Nationalmannschaft eine Enttäuschung. Hier im Spiel gegen Griechenland (0:1), den späteren Europameister.

Ballbeherrschung der Extraklasse: Zidane im Spiel der Champions League gegen Bayer 04 Leverkusen im November 2004.

Sie liefen neunzig Minuten, zwölf Kilometer, verloren zwei Liter Wasser und verbrannten die Kalorien eines ganzen Tages. Sie begannen das Training am kommenden Morgen mit der Aussicht, in drei Tagen erholt zu sein. Fünf Tage trennten sie vom Halbfinal-Spiel.

Am Samstag standen sie spät auf, sie waren erschöpft, und setzten ihreTrainingseinheiten fort. Thierry Henry kam zu spät zum Frühstück. Strafe: fünfhundert Francs.

Da die kommenden Spiele abends stattfinden, wird die Siesta wieder eingeführt. Zur großen Freude von Christophe Dugarry, der soviel Ruhezeit nimmt, wie er kriegen kann, moralisch und physisch: er würde erst am Halbfinaltag wissen, ob die Ärzte ihn spielen lassen würden oder nicht.

Nachmittagstraining.

Eine Trainingseinheit sollte im Wald stattfinden, wurde dann aber gestrichen, da sich circa hundert Neugierige eingefunden hatten, die durch eine undichte Stelle informiert worden waren.

Abends sah sich die französische Nationalmannschaft das Spiel Deutschland – Kroatien an. Ergebnis:

»Wir spielen gegen Kroatien. Das kommt unerwartet, aber es ändert nichts ... Selbst, wenn sie Deutschland 3 : 0 geschlagen haben.«

Zidane hat Vertrauen. »Sie oder andere ... wir allein zählen, wir sind stark.«

Und ergänzt mit Bestimmtheit: »Wir müssen sie unbedingt schlagen. Gegen Deutschland zu verlieren, wäre sehr hart gewesen. Aber gegen Kroatien ... das würde niemand verstehen.«

Wenn er nicht trainiert, sieht er Videos, macht Dehnungsübungen oder spielt Tischtennis. Spielt er gegen Pires, begegnen sich zwei entgegengesetzte Charaktere: der eine überzeugt mit Gesten und Stimme, der andere mit Rückhand und einem Lächeln. Ebenso, wenn er mit Durgarry gegen Blanc und Candela Boule spielt. »Das kriegen wir schon hin ...«
Henry und Trezeguet nehmen sich lieber die Playstation vor, Djorkaeff das Internet, Lama spielt Tischfußball und Didier Deschamps Karten. Abends versammelt der Kapitän einige Spieler in seinem Schlafzimmer, das viel größer als das der anderen ist, und sie spielen lachend einige Runden.
Der nächste Tag ist Sonntag. Ruhetag. Barbecue im Park. Aimé Jaquet verschwindet und schaut sich die Videos der Spiele der Kroaten an. Er weiß, daß es nicht leicht werden wird, sagt aber der Mannschaft noch nichts.
Montag kommen mindestens 400 Journalisten, die für circa 30 Fernsehsender berichten wollen. Die Parkplätze sind voll, Clairefontaine im Ausnahmezustand. Zidane läßt sich so wenig wie möglich blicken.
Dienstag stellen sich nur Aimé Jaquet und Didier Deschamps der Presse. Die anderen Mannschaftsmitglieder besprechen die Videos, die der Trainer ihnen zeigte.
Die Kroaten.
Der Trainer traut ihnen nicht. Ihre Mannschaft ist unbekannter als die französische, niederländische, brasilianische, aber solide. Ihre Spielart ist mit der der französischen Elf vergleichbar: beide sind sehr technikstark. Diejenige, die sich auf diesem Gebiet durchsetzen kann, wird gewinnen. Und hier kommt Zidane eine entscheidende Rolle zu. Die Mannschaft erwartet von ihm, daß er das Spiel gestaltet, daß er spielbeherrschend für die Blauen agiert. Er ist das Gehirn, das jede große Mannschaft besitzt. Es ist an ihm, es zu beweisen.

Mittwoch, 8. Juli 1998

Die Blauen verlassen Clairefontaine am späten Nachmittag mit dem Ziel Stade de France.

Sie haben ihre Ausrüstung bei sich. Diesmal ein blaues Trikot und Hosen, rote Strümpfe, so schreibt es die FIFA vor. Die Kroaten spielen in rot-weiß-gestreiftem Trikot.

Man kann nicht so einfach nach Clairefontaine kommen, geschweige denn wieder wegfahren. Die Straßen und Wege sind mit Menschen gesäumt. Hinten in seinem Sitz verschanzt, überlegt Zidane, daß die Dinge sich seit dem Spiel vor sechsundzwanzig Tagen gegen Südafrika ganz schön verändert haben. Er betrachtet die Gesichter, Plakate, Autos, die auf der Serpentine bis zur Kirche des kleinen Dorfes versammelten Familien. Das Hotel auf der rechten Seite ist von Neugierigen überschwemmt. Auf der gesamten Strecke wird die Mannschaft von begeisterten Fans erwartet. Manche warten bereits seit Stunden, um die Fußballer abfahren zu sehen.

Zidane entdeckt diese neue kollektive Leidenschaft für die Blauen.

»Jetzt sah man, daß das ganze Land hinter uns stand, die Menschen nicht mehr an uns zweifelten, sondern uns vertrauten.«

Er weiß nicht, daß um das Stadion herum die Trikot-Verkäufer ihren Vorrat an blauen Trikots aufgestockt haben, weil der Absatz seit dem Viertelfinale reißend wurde; bis dahin florierte der Handel mit den grünen Trikots der Brasilianer sehr gut.

»In Clairefontaine waren wir ganz unter uns, von allen Seiten geschützt, schauten nicht zuviel fern oder lasen selten Zeitungen. Erst als wir auf dem Weg zum Stade de France waren, begriffen wir …«

Zwölf Millionen Fernsehzuschauer sahen das Spiel Frankreich – Italien. Und wie viele werden es an diesem Abend sein?

Sie hatten wieder ihre angestammten Umkleideräume, die diesmal nicht für die Gäste reserviert waren. Jeder hatte seinen Platz, Zidane ganz hinten. Sie wärmten sich auf, zogen sich um. Zidane umarmte Dugarry, der auf der Auswechselbank blieb: so entschieden schließlich die Ärzte. Lizarazu umarmt Deschamps, ebenso halten es andere Spieler, geben sich die Hände.

Sie versammeln sich im Flur, die Franzosen auf der linken, die Kroaten auf der rechten Seite. Um 21 Uhr betreten sie unter Applaus, Gesängen, Rufen und La-Ola-Wellen das Spielfeld, hören die Nationalhymnen, verteilen sich auf dem Feld. Laurent Blanc küßt Fabien Barthez' Glatze.

Der Schiedsrichter pfeift an.

»Die erste Halbzeit war hart, die härteste von allen. Und das Publikum half uns nicht.«

Die Anzugträger überwogen hier im Vergleich zu Lens und Lyon.

»Während des Spiels achten wir nicht darauf, außer wenn es zu laut wird, das nimmt Einfluß auf unser Spiel, wir sind nicht aus Stein. Vor und nach dem Spiel ist der Zuspruch wichtig. Fußballer sind empfindsam. Wenn gebuht oder gepfiffen wird, ist es für uns schwierig, dann müssen wir versuchen, das zu vergessen. Mit siebzehn Jahren ist das schrecklich ...«

Eine schreckliche Halbzeit mit einem eisigen Publikum. Nach einem sehr offensiven Beginn ziehen sich die Blauen zurück und beugen sich dem Druck der Gegner. Der Ball befindet sich häufiger in ihrer Spielhälfte als auf der kroatischen Seite. Sie dominieren das Spiel nicht.

»Vielleicht war der Druck zu groß, hatten wir es uns zu einfach gemacht und gedacht, daß wir nicht verlieren könnten ... Und dann noch die Aussicht auf das Finale ... Nie zuvor haben wir so eine schlechte erste Halbzeit gespielt. Es war nicht katastro-

phal, aber sicherlich schwierig, ohne Aktionen unsererseits, ohne Spielfluß ...«
Aimé Jaquet hält sich in den Umkleideräumen während der Halbzeitpause nicht mehr zurück, steht vor den in sich zusammengesunkenen Spielern und läutet sämtliche Alarmglocken. Seine Stimme hallt von den Wänden wider: »Entweder geben wir jetzt alles, weil das Finale auf uns wartet oder ihr laßt es schleifen! Keiner von euch bewegt sich, keiner reagiert! Ihr seid wie gelähmt vor Angst! Freunde, so werdet ihr verlieren!«
Er dreht sich, schaut die Spieler der Reihe nach an und wiederholt: »So werdet ihr verlieren!«
Zidane, der wie festgenagelt auf seiner Bank sitzt, reagiert wie die anderen.
»Wir mußten uns zusammenreißen und mehr geben als vorher. Aimé war unzufrieden, aber wir genauso. Er rüttelte uns auf. Das tat uns gut. Wir mußten besser spielen, wenn nicht, würden wir verlieren.«
Sie gingen gestärkt zurück auf das Spielfeld. Aber in der sechsundvierzigsten Minute steht Davor Suker, eigentlich gedeckt von Thuram, der jedoch zu spät aufschließt, allein vor Barthez. Kein Abseits. Er schießt.
Tor.
Zum ersten Mal in diesem Turnier liegt Frankreich zurück.
»Das war merkwürdig. Wir bauten das Mittelfeld wieder auf und schossen innerhalb einer Minute ein Tor.«
Torschütze ist Lilian Thuram, der einen Paß von Djorkaeff verwandelt.
»Und sofort war die französische Elf wieder da ... Wir spielten unser Spiel, fanden zueinander ... Lilian hat uns gerettet.«
In der zweiundsechzigsten Minute erzielt Thuram aus zwanzig Metern Entfernung ein weiteres Tor. Es ist sein zweites Tor im Verlauf von sechsunddreißig Begegnungen. Und für ihn die

Gelegenheit, sich selbst zu fragen: »Wie konnte ich, der mit links sonst nur in die Tribünen schießt, dieses Tor erzielen?«
»Weil er außergewöhnlich ist«, antwortet Zidane, »im Spiel und in der Vorbereitung. Egal ob bei der WM oder einer Meisterschaft, er hat immer dieselbe Vorbereitungsphase. Das ist seine Stärke: seine Kontinuität.«
Zum Unglück der Kroaten, die erst nervös werden und dann brutal.
Gelbe Karten.
Rote Karte: Laurent Blanc muß in der vierundsiebzigsten Minute das Spielfeld verlassen, weil er auf eine Attacke reagiert hat.
Zehn gegen elf.
»Manchmal heizt der Schiedsrichter mit einer Entscheidung das Spiel auf, anstatt Ruhe hineinzubringen. Wenn man eine unverdiente Karte erhält, ist das kurz gesagt, hart. Vor allen Dingen, wenn man nicht mit dem Schiedsrichter sprechen kann. Man muß sich zurückhalten. Laurent, der so beispielhaft durch die WM ging! Und dann wird ihm das Finale genommen. Er tat mir leid, ich wußte, was ihm durch den Kopf ging …«
Schließlich und endlich gewannen die Blauen, was nicht leicht war. Aber zum ersten Mal in seiner Geschichte hatte Frankreich ein WM-Finale erreicht.
Auf der Rückfahrt wird der Bus von begeisterten Fans begleitet, die geduldig auf die Spieler warten, um sie gebührend zu feiern. Zinédine Zidane sitzt derweil hinten und summt einen Chanson von Michel Polnareff: *On ira tous au Paradies* – »Wir kommen alle ins Paradies«.

An diesem Abend zeigt sich die ganze Welt, die Städte und Dörfer in den französischen Farben. Marseille, ja, und natürlich Paris. Clairefontaine, Bordeaux, Cannes, Lavelaet, Nantes, Les Ulis, Fontainbleau, Concarneau, Dieppe … Überall, wo einer der zweiundzwanzig Spieler Wurzeln hat, sein Nest gebaut hat, gelebt hat bis zu diesem Sieg im Halbfinale im Stade de France. Aber es wird auch über die Grenzen hinaus gefeiert. In Armenien für Djorkaeff, in Ghana für Desailly, in Guadeloupe für Thuram, in Neukaledonien für Karembeu, in Kabylien für Zinédine Zidane …

Dort liegt ein kleines Dorf, dem Himmel und den Felsen zugewandt. Ein Fußweg, einige Häuser, ein Café, eine Traube Kinder um einen Ball gedrängt … Einer von ihnen trägt ein Trikot mit der Aufschrift *Juventus Turin*, ein anderer ein blaues mit der Nummer 10, ein dritter eines mit dem Konterfei des Helden von Boukhelifa, dem Dorf, in dem Smaïl geboren wurde.

Als Kind besuchte Yazid das Dorf. Alle erinnern sich daran, vor allem diejenigen, die damals als Kinder mit ihm Ball spielten. Vielleicht sind sie inzwischen dem Alkohol zugeneigt, aber die Erinnerung ist präsent. Sie wird von Fotos, die hier und da angepinnt sind, aufgefrischt, von Berichten über die Erfolge ihres Helden, dessen Vater vor dem Krieg ging, um sein Glück auf dem anderen Kontinent zu suchen.

»Mit acht Jahren sah ich das Haus, in dem mein Vater geboren wurde, zum ersten Mal«, erinnert sich Zidane. »Ich war nicht zum ersten Mal in Algerien. Wir nahmen zu siebt das Schiff, Flüge wären viel zu teuer gewesen. Aber das Schiff war so riesig, so schön!«

Er lacht. Er, der nur noch erster Klasse reist und manchmal Privat-Flugzeuge nimmt …

»Das macht einen gewaltigen Unterschied im Vergleich zu heute …«

Einige Monate nach dem Halbfinale ist Zidane in Laval in der Region La Mayenne. Er kam um 2 Uhr nachts mit dem Auto an, weil er seinen Zug und eine Verabredung in Paris am Gare Montparnasse verpaßt hatte.

Die ganze Stadt sucht ihn. Kameras stehen bereit, Reporter liegen auf der Lauer. Man weiß, daß er angekommen ist, sucht ihn, erwartet ihn. An neuralgischen Punkten stehen Späher, vor großen Hotels, Restaurant, schicken Boutiquen. Von Stunde zu Stunde wird die Unruhe größer.

Man muß nur wissen, wo man ihn findet. Und das bedeutet anrufen, fünfzehnmal drei verschiedene Nummern wählen, von ihm selbst achtundvierzig Stunden vor der Begegnung mitgeteilt. Alle sechs Stunden noch einmal probieren, um sicher zu gehen, daß sich Uhrzeit und Ort nicht geändert haben. Auf eine definitive Antwort warten. Den Zug Richtung La Mayenne nehmen, in Laval aussteigen, der Straße ins Stadtzentrum bis zu dem angegebenen Hotel folgen und nach dem Chef fragen. Der Mann ist verblüfft – so etwas hat er noch nie gesehen. Die besten Spieler der Welt logieren hier, er ist Kameras und Mikrofone, permanente Anrufe, Autogrammjäger gewohnt. Aber Zidane schlägt alles bisher Dagewesene. Ein Pulverfaß mit einer Zündschnur, die sich rasend schnell entflammt und die ganze Stadt mitgerissen hat. Es ist leicht, ihn zu finden. Auf ihn aufzupassen ist schwieriger.

Eine Straße hinunter, die langsam im Sonnenlicht verschwindet. Nach links abbiegen, immer geradeaus, vor einer Reihe von Klingelknöpfen anhalten, diejenige mit der Aufschrift »Physiotherapeut« finden, klingeln, die Tür aufdrücken, ein-

treten, fragen, sich zu einem Warteraum führen lassen, sich setzen, umschauen, erstaunt sein.
Wo ist man hier?
In einer Arztpraxis in einer kleinen französischen Provinz, scheinbar fast am Ende der Welt. Mit Zeitschriften auf dem Tisch, älteren Menschen und einigen Sportlern, die kommen und gehen, Äthergeruch, Verbandszeug, Kühlgel.
Wenn nicht Poster an den Wänden hingen – darunter die französische Nationalelf und die Mannschaft von Arsenal London – meinte man, sich geirrt zu haben. Man würde genau nachfragen, ob das hier wirklich die Praxis von Dr. Boixel ist.
Philippe Boixel ist einer der besten Orthopäden und Physiotherapeuten der Welt. Er behandelt die Menschen von nebenan, die Hilfebedürftigen der Stadt genauso wie die großen Sportler. Seine Praxis befindet sich in Laval, sein Aktionsradius erstreckt sich bis nach Clairefontaine, Turin und London, dem Sitz der französischen Elf, von Juventus und Arsenal.
Zinédine Zidane liegt ausgestreckt auf einer Liege, hinten rechts in einem kleinen Raum, in dem andere Bewegungsübungen machen. Er liegt da mit nacktem Oberkörper und in Shorts. Man sieht eine kleine, über der Kniescheibe verlaufende Narbe. Die Verletzung, die er sich in Athen zuzog, verschlimmerte sich und er mußte operiert werden. Zizou kommt gerade aus Straßburg wo Professor Jaeger seinen Meniskus operierte. Er wird drei oder vier Monate nicht spielen können und ist niedergeschlagen deswegen, aber es läßt sich nicht ändern. Das läßt ihm die Zeit, über das Land seines Vaters zu sprechen.
»... Ich war noch nie zuvor auf einem Schiff gewesen ... Wir waren vierundzwanzig Stunden auf dem Meer. Die Ankunft war überwältigend. Wir nahmen zwei Taxis, Peugeot 404 Kombi, und besuchten meine Urgroßmutter in Algier. Dann fuhr die ganze Familie auf's Land, wo meine Onkel und Tan-

ten leben. Mein Vater nahm uns mit zu seinem Bruder nach Béjaia. Er ist mittlerweile verstorben. Es war der Zwillingsbruder von Smaïl, sie sahen einer aus wie der andere. Das war ganz schön beeindruckend …«

Er steht auf: die Massagen sind für heute vormittag beendet. Er muß ins Hotel zurück, wo ihn sein Freund Mustapha Mazouz, erwartet. Wenn sein Kumpel Yazid aus Turin kommt, begleitet er ihn, ist für ihn da.

Auf der Straße kann Zidane nichts gegen die Massen von Fans ausrichten, die sich mit Autogrammheften und Stiften auf ihn stürzen. Er versteckt sich nicht hinter dunkler Sonnenbrille, Mütze und hochgeschlagenem Kragen. Er unterschreibt, immer mit einem Lächeln, läßt sich fotografieren, zeigt keine Ungeduld. Er braucht eine gute halbe Stunde für die zweihundert Meter bis zum Hotel, aber er beschwert sich nicht. In der Halle bemerkt er nur, daß er, als er morgens in Montparnasse ankam, ehe er mit dem Wagen nach Laval fuhr, den Bahnhof durchqueren konnte, ohne einmal aufgehalten worden zu sein. Er freut sich, als ob er dem Berühmtsein ein Schnippchen geschlagen hätte.

»Ich trug einfach T-Shirt und Hose, keine Brille … Der Trick ist, schnell mit gesenktem Kopf zu gehen. Die Leute erkennen dich, aber ehe sie sich sicher sind, bist du schon über alle Berge.«

Er nimmt die Treppe des Hotels, in dem alle Sportler wohnen, die in Laval von Philippe Boixel behandelt werden. Vom übertriebenen Luxus in Clairefontaine ist man weit entfernt. Der Teppich im Flur ist ganz passabel, ebenso die auf beiden Betten ausgebreiteten Überdecken. Links Mustapha, rechts Yazid. Alles wie in Clairefontaine: links Dugarry, rechts Zidane.

»Abends trafen wir uns und feierten wie damals mit zwanzig, uns war egal, wer wir waren … Wir machten die ganze Nacht Quatsch …«

Weiße Wände, ein winziges Bad, der Fernseher an der Wand montiert, Schuhe und Pullover liegen herum. Das Zimmer zweier junger Urlauber. Zweihundertzwanzig Francs pro Person, zweihundertvierzig für zwei.
»Wollen wir essen gehen?«
Auf dem Weg ins Restaurant sprechen Zinédine und Mustapha über ihr Algerien.
Zidane: »Für mich war es wichtig, Algerien und meine Familie zu sehen. Dort sind immerhin meine Wurzeln ...«
In seinem Kinderzimmer gab es neben dem Poster von Enzo Francescoli noch ein weiteres: das eines algerischen Fußballers namens Djamel Zidane. Eine simple Namensgleichheit ...
»Ich interessierte mich immer für den Fußball im Maghreb. Es freute mich, daß die Marokkaner und die Tunesier an der WM teilnahmen. Schade um die Algerier ...«
Er erinnert sich, daß bei der WM 1982 in Spanien die algerische Mannschaft Deutschland schlug, die als hohe Favoriten galten. Und er denkt an seine Wut damals, als man realisierte, daß die Deutschen und die Österreicher sich abgesprochen hatten, unentschieden zu spielen, damit Algerien ausschied.
Am Platz Tartane sprach man selten über die Heimat. Heute haben sich die Dinge geändert. »Wenn mein Vater sieht, was in Algerien vor sich geht, schlägt seine Laune um in bodenlose Trauer. Er leidet, weil seine Brüder und Schwestern noch dort leben.«
Smaïl sagt: »Ich bin traurig und wütend, weil meine Heimat so etwas nicht verdient hat.«
Und sein Sohn: »Mir tut es weh, meinen Vater so zu sehen. Das berührt auch mich.«
Stille. Dann, nach einigen Schritten und Autogrammen: »Ich möchte nicht mehr darüber sagen ...«
Er ist bekannt für die immer leiser werdende Stimme, sein ab-

ruptes Schweigen, was ihn anders wirken läßt, als er ist. Sicher, er ist schüchtern. Und freundlich. Und respektvoll anderen gegenüber. Wenn er durch die Straßen von Laval geht, grüßt er diejenigen, die ihn grüßen. Wenn er sich in einem schicken Restaurant an den Tisch setzt, betrachtet er die Dekoration und meint: »Das hat Klasse hier!«, aber er würde nie um einen abseits gelegenen, ruhigen Tisch bitten. Nur, wenn er nein sagt, bedeutet es auch nein. Er drückt es auf seine Weise aus, bleibt immer noch liebenswürdig, zuvorkommend, aufmerksam. So ist sein Vater. So ist er.

Warum schweigt er so oft?

»Viele meinen, daß ich nichts zu sagen hätte …«

Niemand kann sich vorstellen, daß jemand mit seiner Kindheit, seinem Werdegang, jemand der auf dem Fußballfeld der beste Stratege der Welt ist … nichts zu sagen hat. Er wählt das Schweigen. Es ist der Preis seiner Freiheit. Für Zidane ist es entscheidend, daß er von niemandem für irgendwelche Zwecke eingebunden werden kann. Daß niemand seine Gedanken, Haltungen, Sichtweisen, Meinungen benutzen kann. So kann nichts falsch interpretiert werden. So kann man ihn in keine Schublade stecken, außer der, die er schon immer für sich gewählt hat. Er bleibt auf dem Platz seiner Wahl, den er gut zu verteidigen weiß.

»Wenn ich heute den Mund aufmache, werden meine Äußerungen überspitzt wiedergegeben. Das halte ich nicht aus. Und wenn man Dinge über mich erzählt, die ich niemals geäußert habe, oder die das Gegenteil von dem sind, was ich sagte, bin ich außer mir vor Wut … Unter solchen Bedingungen schweige ich lieber.«

Er ist sich durchaus der Konsequenzen dieses Schweigens bewußt.

Zwischen Fleischgericht und Salat, in diesem Restaurant in

Laval, beugt sich Zidane vor und sagt mit tiefer und ruhiger Stimme: »Die Marionette von mir, die die Medien erfunden haben, ist nicht gut gelungen.«
Ein Bissen, ein Schluck, dann: »Ich vermute, daß niemand Ähnlichkeit mit seinem Presseschatten empfindet. Meinen lassen sie immer dasselbe sagen: ›Ich will mit meinem Freund Dugarry spielen …‹ Nichts außer diesen Worten aus meinem Mund! Das ist schon ein bißchen beschränkt!«
Ein weiterer Schluck, ein Bissen, eine Frage: »Deschamps hat viel mehr Glück. Wißt ihr, warum?«
Mustapha antwortet: »Deschamps sagt eine Menge Zeugs.«
»Genau«, bestätigt Zidane.
Er trinkt einen Schluck Wein und resümiert: »Sie lassen ihn wenigstens zwei oder drei Sätze sagen. Er ist ein richtiger Schwätzer!«
Er wählte ein Entrée, einen Hauptgang, zwei Gläser Wein und bestellt Käse und Dessert.
Gewöhnlich achtet er darauf, was er ißt.
»Heute mal nicht.«
»Und gestern«, stichelt Mustapha.
Die Käseplatte wird gereicht und Zidane wählt mit Bedacht, mit Geschmack, ein Kenner. Dann ißt er mit Vergnügen. Bei einem weichen Käse erinnert er sich an seine Kindheit: »Mittags aß ich nur Käse. Ich machte mir ein Butterbrot und ging spielen. Meine Mutter versuchte, mich aufzuhalten. ›Du ißt erst einmal, dann gehst du spielen!‹ Ich sagte ›einverstanden‹ und lief ihr mit dem Butterbrot in der linken, dem Käse in der rechten Hand davon …«
Und fügt mit vollem Mund hinzu: »Und den Ball zwischen den Füßen!«
»Wir spielten Straßenfußball … für den ich eine Vorliebe habe. Er ist genial und sehr erfinderisch.«

Zidane erhebt sich, ein wenig unsicher nach der Operation. Er streckt sein verletztes Bein. Vom Nachbartisch wird rübergeschaut. Es ist ihm egal. Er denkt an seine Leidenschaft.
»Ich nahm den Ball und erfand Tricks. Hier haben wir keinen Ball, aber das macht nichts.«
Er steht aufrecht vor dem Tisch, den Kopf über einen imaginären Ball gebeugt. Er war hinter eine Tür geglitten, damit die übrigen Gäste ihn nicht sehen konnten.
»Zusammen mit meinem Bruder Nordine erfanden wir ein ganz ungewöhnliches Ding.«
Er zeigt es.
»Der Ball wechselt vom linken auf den rechten Fuß, das Bein nach außen gestreckt, antäuschen und den Ball dann zwischen den Beinen des Gegners hindurchschicken. Man muß sehr schnell sein, damit es für den anderen unerwartet kommt. Und wenn man ihn getunnelt hat, ist er erst einmal baff und fragt sich, was denn gerade mit ihm passiert ist.«
Er zeigt es noch ein, zwei, drei Mal und kehrt dann auf seinen Platz zurück.
»Das ist Straßenfußball. Das kann man nicht so einfach in einem Spiel wiederholen. Ich hab's versucht. Zweimal in Bordeaux und ein Mal bei Juventus. Aber es ist unmöglich, wenn man mit Freunden spielt, wäre das ein Grund, auseinanderzugehen. Zu tunneln bedeutet bei uns eine fürchterliche Schmach. Wenn man das in einem Spiel macht, kriegt man Prügel. Der, der durch diese Täuschung blamiert wurde, rächt sich, sobald er kann. Solche Aktionen sind nur während des Trainings möglich … Der Straßenfußball mit all den Tricks, die wir gemeinsam mit Nordine und den Kumpels entwickelten, um überlegen zu sein … Als ich klein war, verbrachte ich Stunden damit, meinem Bruder Nordine beim Fußballspielen zuzusehen. Ich träumte davon, einmal so gut zu sein wie er.«

Als Nordine klein war und die Lehrer ihn baten, seinen Berufswunsch aufzuschreiben, schrieb er: Profi-Fußballer. Auch er spielte in Septèmes, hörte aber in Aix-en-Provence in der vierten Division auf. Heute arbeitet er in einer Druckerei. Er sieht Zinédine ähnlich, hat ein strahlendes Lächeln. Er spielt nur noch selten Fußball. Wenn er Zeit hat, fährt er manchmal zum Place Tartane, wo Zidane zum Star wurde. Die beiden Jungen sind ihrem Viertel immer noch sehr verbunden, aber der ältere schaut viel häufiger vorbei als der jüngere.

Nordine sucht im Fußballspiel seines Bruders nach Gemeinsamkeiten aus der Zeit, als sie den Ball in ein durch Steine markiertes Tor schossen. Er findet keine mehr, oder fast keine. Nur die Art zu laufen oder Pässe zu spielen. Aber der Fußball hat sich sehr verändert. Heute ist er viel anspruchsvoller und fordernder als früher, die Spieler geben mehr. »Alle drei Tage ein Spiel ist enorm.« Sie müssen die Sprintkraft eines 100-Meter-Läufers haben und die Ausdauer eines Langstreckenläufers. Die Zweikämpfe sind härter und schneller. Das Spiel ist mehr auf Taktik und Effizienz ausgerichtet, weniger instinktiv, als es damals Zinédine, Nordine und die Freunde auf dem Place Tartane in Marseille erlebten.

»Im Wettkampf gibt es diese Fantasie nicht«, schlußfolgert Zidane. »Und das ist ganz normal. In einer WM kann man nicht spielen wie damals mit seinen Kumpels.«

Sonntag, 12. Juli 1998

Frankreich hält den Atem an. Seit einem Monat wartet man auf diesen Tag und fürchtet ihn gleichzeitig. Zum einen, weil man einen Titel verlieren könnte, an den man zu glauben anfing (spät genug), und zum anderen wegen der Trauer, auf die man sich vorbereitet. Wer auch gewinnen mag, der Vorhang fällt demnächst und die Schauspieler verlassen die Bühne, d. h. verschwinden von den Bildschirmen. Einen ganzen Monat lang verfolgte das ganze Land und die ganze Welt das beste Schauspiel, das man je zu sehen bekam. Vierundsechzig Mal neunzig Minuten. Die Spannung und die Freude steigerten sich bis zum Finale am 12. Juli im Stade de France ins Unermeßliche.

Millionen unbeirrbarer Fans zogen die Skeptiker, Zweifler, Zögernden auf ihre Seite. Gemeinsam gingen sie eine unvergleichliche Verbindung ein, die bestimmt war von einer ganz besonderen, manchmal gereizten, niemals gewalttätigen Atmosphäre. Eine unbeschreiblich warme, friedliche Stimmung herrschte vor. Eine universelle, tiefgreifende, friedliche La-Ola-Welle hatte sich in Bewegung gesetzt.

An den spielfreien Abenden war eine Leere in den Städten, in den Gesprächen zu spüren. Man wartete ab, etwas fehlte.

An den guten Tagen leerten sich die Straßen um 19 Uhr, eine unbeschreibliche Ruhe kehrte ein, nur unterbrochen durch lautes Jubeln, das überall gleichzeitig einsetzte: wenn ein Tor fiel, hörte man Rufe und Applaus.

Später gingen die Menschen auf die Straße, Hupen ertönte, alles drehte sich nur um die WM. Sie verband kulturübergreifend die Menschen aus aller Welt, allen Nationen: Le Pen hatte keine Chance.

Seit dem Viertelfinale standen in allen Restaurants Fernseher. Alleinstehende saßen gemeinsam an den Tischen, darunter auch viele Frauen, die sich dem Ereignis nicht entziehen konn-

ten. Und weltweit gingen alle Kinder denselben Weg. Die Spieler sind ihre Helden. Sie trugen imaginäre Trophäen nach Hause, umarmten sich in durchgeschwitzten Trikots, lieferten sich schmerzhafte Zweikämpfe, so wie Zinédine Zidane vor fünfzehn Jahren in den Nordvierteln von Marseille.
Damals konnte er sich nicht vorstellen, je an so einem einzigartigen Ereignis, das zweifellos den größte Augenblick seiner Fußballerkarriere darstellt, teilzunehmen: das Finale einer WM. Gegen den Titelverteidiger Brasilien. Eine Begegnung von der ganz Frankreich träumte.
Wenn er gewinnt, würde die Kritik, die seit der Europameisterschaft 96 bis hin zu den letzten Spielen an ihm als Spielmacher geübt wurde, endlich vorbei sein. Noch an diesem Morgen der entscheidenden Begegnung läßt ihn die Presse nicht in Ruhe und stellt die üblichen Fragen: ist er wirklich der geeignete Spielmacher? Ist er nicht zu selten offensiv? Ist er wirklich so wichtig für die Mannschaft, wie vorgegeben wird? Diese WM ist doch der Beweis: wie oft hat er den Ball im gegnerischen Tor versenkt?
»Nicht einmal«, erkennt er an. »Und das erwartet man auch nicht von mir. Ich bin dazu da, den anderen die Möglichkeiten zu eröffnen. Und das habe ich getan … Man spielt eine WM nicht für sich allein. Es ist immer eine ganze Mannschaft … man spielt mit zweiundzwanzig Spielern. Ich habe vielleicht einige Möglichkeiten verpatzt. Aber wartet erst einmal ab …«

Er hat gut geschlafen, ging um ein Uhr früh zu Bett. Als er aufwachte, schlief Christophe Dugarry noch sanft in seinem Bett. Er würde zweifellos im Finale spielen, aber anfangs auf der Bank sitzen, um dann später eingewechselt zu werden.
Die Mannschaft ist austrainiert. Den Freitag verbrachten die Zweiundzwanzig im Schloß Ricard bei Saint-Arnoult: sie rit-

ten, angelten, fuhren Rad, aßen am Pool zu Mittag. Eine wohlverdiente Pause auf dem Weg zum Finale.

Heute abend ist alles vorbei.

Heute abend werden sie gespielt haben.

Heute abend gehen sie auseinander.

Zidane steht auf, zieht sich leise an, geht zum Fenster und öffnet die Vorhänge. In der Ferne, über den Bäumen, sieht man die Polizeieskorten, die das Michel-Platini-Stadion bewachen. Wie viele Trainingseinheiten hatten sie seit dem 24. Mai absolviert, als er aus Rodez kommend zur Mannschaft stieß? Und wie viele neue Freundschaften, unzerbrechliche Bindungen sind entstanden? Niemals zuvor verstand sich die Mannschaft so gut. Ganz im Gegensatz zu anderen Gelegenheiten, wie zur Europameisterschaft zum Beispiel, zählt er jetzt die Tage, die sie vom Ende der WM trennen und denkt: »Die Zeit ist so schnell vergangen. Wir haben uns so gut verstanden …«

Er erinnert sich, daß sie nicht an diesem Abend auseinandergehen werden, sondern erst am übernächsten Tag. Henri Émile eröffnete ihnen kürzlich die Neuigkeit: am 14. werden sie anläßlich des Nationalfeiertags im Élysée-Palast sein, Jaques Chirac lädt ein. Die Blauen sollen an der traditionellen Garten-Party teilnehmen.

Zidane denkt amüsiert an die Reaktionen der Spieler, die nicht dorthin, sondern schnellstmöglich wieder zu ihren Familien zurückkehren wollen, um in Urlaub zu fahren. Henri Émile mußte sich viel Mühe geben, um die zweiundzwanzig Spieler davon zu überzeugen, daß es sich nicht gehört, eine solche Einladung auszuschlagen. Und weil die Herren stur blieben, mußte er schließlich die Ehefrauen anrufen, mit dem Ergebnis, daß nun alle der Einladung folgen.

Zidane nimmt sein Handy, läßt Christophe in Ruhe weiterschlafen und verläßt um 8.30 Uhr leise das Zimmer.

Jean-Pierre Cantin, der Sicherheitsoffizier, beginnt die noch schlafenden Spieler telefonisch zu wecken. Der Betreuerstab ist schon seit langem wach, Aimé Jacquet schon seit 5 Uhr in Videos vertieft. Er machte einige interessante Entdeckungen, die er mit Henri Émile und Roger Lemerre besprach, als sie um 6.30 Uhr ihren Morgenlauf absolvierten. Der Küchenchef war schon auf dem Markt von Trappes und ist dabei, das Frühstück zuzubereiten.

Frank Leboef ißt Crèpes, Zizou Müsli.

Emmanuel Petit erscheint. Seit einigen Tagen schläft er sehr schlecht, ist trotzdem unglaublich entspannt, und das nicht als einziger. Als die Spieler sich wenig später für ein letztes morgendliches Training in den Umkleideräumen versammeln, scheint niemand angespannt zu sein, außer Dr. Ferret, der sich um Didier Deschamps sorgt: »Er hat schlecht geschlafen … und ist nicht in Bestform.«

»Und Karembeu?« fragt Aimé Jacquet. »Sein Knöchel?«

»Er kann spielen.«

»Zizou?«

»Ausgezeichnet«, antwortet der Spielmacher.

»Meint ihr, daß die Brasilianer um diese Uhrzeit noch schlafen?«

Nein. Sie profitieren von einem nicht zu unterschätzenden Vorteil: sie hatten einen Tag mehr Pause.

»Laßt uns loslegen …«

Aimé teilt den Spielern seine Vorstellungen und seine Einschätzung der Brasilianer mit. Ein Hoch auf den aufmerksamen Zuhörer. Zidane paßt auf und merkt sich die Lektion.

Ronaldo? Alle Welt spricht von ihm. Für Lizarazu ist er schlimmer als David Copperfield. Desailly fügt hinzu: der beste Zauberkünstler. Thuram: Da, wo er spielt, verschwindet der Ball. Zidane: »Mich beeindruckt er auch. Das ist der beste Spieler des Jahrhunderts ... Oder des letzten Vierteljahrhunderts. Aber niemand macht mir wirklich angst. Schüchtert ein Gegner dich ein, wenn du gegen ihn zu spielen hast, solltest du besser in der Umkleidekabine bleiben, denn du hast keine Chance, zu gewinnen.«

Ronaldo trainierte morgens nicht. Den vierhundert angereisten Journalisten, die die letzten Vorbereitungen der brasilianischen Elf im Stadion »d'Ozoir-la-Ferrière« beobachten, teilt er mit, daß er die Blauen so wegfegen wird. Er lobte die Abwehr der französischen Elf und bezeichnete den brasilianischen Angriff als »den besten der Welt«.

Warum nahm er nicht am Training teil? Weil er Schmerzen im linken Knie hat.

Vor welchem französischen Spieler hat er am meisten Respekt? Vor niemandem.

Konnte er diese Nacht gut schlafen? Perfekt.

Sagt man.

Didier Deschamps geht es nach der Mannschaftsbesprechung viel besser.

Am späten Vormittag geht er zur Physiotherapie. Andere gehen spazieren. Einige räumen in den Zimmern die Sachen zusammen und packen. Zidane läßt seine Shorts, Trikots und Trainingsanzüge hier: er nimmt nichts mit. Wie immer sind seine Sachen und die von Dugarry durcheinandergewürfelt. Er sieht sie später wieder, wenn er von neuem in Frankreich spielt.

Nach dem Mittagessen spielt er unten im großen Saal Tischtennis. Barthez raucht eine Zigarette.

»Wir werden gewinnen«, versichert er.

Einige trinken Kaffee und tauschen Prognosen aus. Zidane stellt sich diese Fragen nicht. Er fühlt sich in Topform, ist bereit, alles zu geben.

Als er mit dem Essen fertig ist und den Tisch verläßt, gehen einige Spieler auf ihn zu: »Du mußt uns zum Sieg führen. Wir zählen auf dich und deine Ideen …«
Der Druck ist wieder da. Aber dies ist ein positiver, bereichernder Druck.
»Wenn wir siegen, dann mit zweiundzwanzig Spielern«, wiederholt Zizou unaufhörlich. »Alle gemeinsam.«
Mittagsruhe. Er läßt seinen Schläger liegen und geht auf sein Zimmer.

Auf dem Schloß »De la grande Romaine«, in Lésigny, der Residenz der Brasilianer, ist ebenfalls Mittagspause. Sie haben die gleichen Träume wie die Männer in Clairefontaine, auch wenn ihnen die Ausmaße schon geläufig sind: Brasilien hat die WM bereits vier Mal gewonnen.
Plötzlich sorgt ein Schrei für Unruhe.
Roberto Carlos, der ein Zimmer mit Ronaldo teilt, fand seinen Kameraden starr und mit wächserner Gesichtsfarbe, Schaum vor dem Mund auf dem Bett liegend, von einem epileptischen Anfall geschüttelt.
Er schlägt Alarm.
Edmundo läuft von Zimmer zu Zimmer, um die Spieler zu informieren und vor allen Dingen, um den Mannschaftsarzt zu holen. Als der angelaufen kommt, ist Cesar Sampaio schon bei ihm und paßt auf, daß Ronaldo nicht an seiner Zunge erstickt. Die Ärzte diagnostizieren einen Krampfanfall, ordnen weitere Untersuchungen an und kümmern sich um den Spieler. Anschließend geht Ronaldo hinunter in die Bar, um etwas zu trinken.
Mario Zagallo schließt sich mit seinem Team ein. Da die Ärzte weitere Untersuchungen anordnen, entscheidet er für alle nachvollziehbar: Ronaldo spielt nicht, Edmundo wird ihn ersetzen.

»Das war bestimmt keine schlechte Entscheidung«, kommentiert Zinédine Zidane, der zu der Stunde, in der Ronaldo, eskortiert von einigen Verantwortlichen und dem Sicherheitsdienst, das Schloß verläßt, nichts von all dem weiß, was dem brasilianischen Star widerfuhr. »Aber als Ronaldo sich erholt zu haben schien, hätte Zagallo entscheiden können, ihn doch einzusetzen. Ab einem bestimmten Niveau ist selbst ein leicht verletzter Spieler, ein Fußballer, der so stark ist wie Ronaldo, besser als irgendein anderer, der an seine Professionalität nicht heranreicht.«

Während der brasilianische Spieler in der Klinik eingehend untersucht wird, bereiten sich die Blauen vor. Sie beenden ihre Mittagsruhe, essen noch ein wenig, machen Scherze, unterhalten sich, einige langweilen sich, alle warten ab. Noch sind sie in den Mauern Clairefontaines geschützt, aber sie wissen, daß das nicht mehr lange andauern wird. Schon überfliegen Hubschrauber, deren Rotoren sich wie ein drohendes Unheil anhören, das Center.

Um 15 Uhr telefoniert Zidane noch einmal mit seinen Eltern in Marseille. Sein Burder Nordine nimmt ab.

»Ich bin's, Yaz …«

»Warum rufst Du an?

»…«

»Bis du verrückt, jetzt anzurufen! Ich bin so aufgeregt!«

»Warum?«

»Die WM! Was glaubst Du denn!«

Yazid steht lächelnd im Park von Clairefontaine.

»Beruhige Dich. Wir haben hier keinen Streß …«

»Ich habe gerade eine kleine Siesta gemacht und werde jetzt etwas essen«, erzählt Nordine. »Danach schaue ich dir zu. Ruf mich nicht mehr an!«

Und er legt auf.

Normalerweise ist er bei allen Spielen seines Bruders direkt dabei. Hundert Mal schon war er in Turin. Und in Marseille, in Lyon, in Paris. Heute wollte er zu Hause bleiben: er war bei dem

Champions-League-Spiel dabei, als Juventus verlor. Er möchte Yazid im WM-Finale kein Unglück bringen, sieht sich das Spiel im Elternhaus mit Smaïl und Malika, gemeinsam mit Luca, an. Alle anderen sind nach Paris gefahren.

Um 17 Uhr treffen sich die Spezialkommandos der »Raid« und die Motorradfahrer der Gendarmerie mit Jean-Pierre Cantin, um die Route für den Bus festzulegen. Zwei stehen zur Auswahl: die eine über Saint-Arnoult-en-Yvelines, Autobahn A10 und Boulogne. Die andere umgeht Rambouillet und Versailles. Um 19 Uhr begleiten die beiden Wagen der »Raid« und eine Motorradeskorte den in den Nationalfarben geschmückten Bus der französischen Elf.

»Wir stiegen ein und setzten uns auf unsere Plätze, ich hinten, wie immer. Auf der Rückbank saßen Barthez und Laurent Blanc ...«

Aimé Jacquet sitzt von seinem Team umgeben vorne. Ein bißchen weiter Deschamps, Thierry Henry, Vieira und Trezeguet.

Der Sicherheitsoffizier zählt die Spieler und gibt das Zeichen zur Abfahrt. Der Konvoi setzt sich in Bewegung.

»Bis zum Tor war es ruhig. Danach bemerkten wir sofort den großen Trubel. Unglaublich. Viel, viel, viel mehr als zum Halbfinale der WM. Ich war fasziniert ...«

Tausend, zweitausend, dreitausend Menschen ... Alle dicht aneinandergedrängt, stehen auf um zu grüßen, schreien, pfeifen, singen. Überall Plakate, Fahnen in den Nationalfarben, Blumen, und der Hubschrauberlärm von oben ...

Die Motorradfahrer machen dem Bus den Weg frei, der erste Spezialkommandowagen blendet auf. Direkt am Bus formt eine Polizeieinheit einen Ring zwischen der Menschenmasse und diesem majestätischen, chromglänzenden Konvoi, der die französische Nationalelf, nach der alle rufen, sicher auf den Weg bringt.

Dreißig Minuten, um die paar hundert Meter zu passieren, die bis zur Autobahn führen.

»Wir hatten Angst, zu spät im Stade de France einzutreffen …«

Und Angst, eine der unzähligen Silhouetten anzufahren, die sich von Clairefontaine bis zur Autobahn entlang der Straße drängen, um einen Blick zu erhaschen und die Helden des Tages zu grüßen. Je näher der Konvoi dem Stadion kommt, desto mehr Motorradfahrer begleiten ihn, winkend, manche mit Fotoapparaten, mit Fahnen …

Hinten dreht sich Zidane um, um zu winken. Er freut sich über diesen Enthusiasmus, der ihnen entgegenschlägt.

»Das ist klasse. Wunderschön. Ich fühle mich diesen ganzen Menschen gegenüber, die so viel von uns erwarten, ungeheuer verantwortlich.«

Emmanuel Petit hört Mozart, Frank Leboeuf und Bixente Lizarazu lesen, andere sind in Gedanken versunken am Ende dieses heißen Nachmittags.

Port Dauphine, Porte Maillot, Porte d'Aubervilliers. Links die Rochade, dann das Stade de France.

»Jetzt ist es soweit. Jetzt oder nie.«

Mit zwanzigminütiger Verspätung erreichen sie ihr Ziel.

Der Bus mit der brasilianischen Mannschaft ist bereits eingetroffen. Ronaldo hat die Klinik noch nicht verlassen. Keiner der Franzosen wurde über den Vorfall in Lésigny unterrichtet.

»Und wieder einmal bekamen wir die Gäste-Umkleideräume. Wir richteten uns ein. In diesem Moment wußten wir, daß irgend etwas bei den Brasilianern nicht in Ordnung war.«

Eine erste Aufstellung machte die Runde: Ronaldos Name ist nicht aufgeführt. Die Blauen stellen sich Fragen. Im Pressesaal raufen sich die brasilianischen Journalisten die Haare. Was ist mit dem National-Idol? Schon gibt es das erste Gerücht: Ronaldo ist tot.

Bei den Franzosen bringt diese Ungewißheit Unruhe in die Mannschaft. Laurent Blanc versucht Neuigkeiten zu erfahren. Die anderen schauen zum Spielfeld, um die richtige Stollenauswahl zu treffen, aber der Rasen ist abgedeckt: als Auftakt zum Final-Spiel hat Yves Saint-Laurent eine Modenschau organisiert.

»Wir sahen unsere Frauen auf der Ehrentribüne. Sie waren in blau gekleidet, in Tricolore-Farben geschminkt. Enzo saß auf Véroniques Knien.«

Sie sahen Johnny, den Sänger, und Belmondo in den französischen Farben, Ophélie Winter mit roten Haaren, Delon im weißen Mantel ... Catherine Deneuve, Juliette Binoche, Mathilda May, Arnold Schwarzenegger, Robert Hue, Lev Korovine und Jack Nicholson ... ohne all die anderen zu vergessen, die draußen standen und auf dem Schwarzmarkt noch Karten zu ergattern versuchten: zehntausend Francs die Vorstellung.

»Wir kehrten in die Umkleideräume zurück und wärmten uns in der Halle nebenan auf ...«

Laurent Blanc ist zurückgekehrt. Er sah Ronaldo beim Training: mit verschlossenem Gesichtsausdruck und allein. Nach zweistündiger Untersuchung konnten die Ärzte der Klinik nichts finden, was den Zustand des Brasilianers hätte erklären können. Überhaupt gar nichts. Er würde voraussichtlich spielen.

Fabien Barthez ging mit Lama auf das Spielfeld, Charbonnier und Philippe Bergeroo, die Torwarttrainer folgten. Gemeinsam bereiteten sie den Torhüter vor. Plötzlich zuckt Barthez zusammen und schreit auf. Er hält sich das Knie. Bergeroo rennt zu ihm.

»Ihr habt mir mein Knie kaputtgeschossen!«

Panik.
Der Torhüter erhebt sich lachend: »Kein schlechter Scherz, oder?!«
Um 20.25 Uhr findet sich die gesamte Elf auf dem Rasen ein. Ein Raunen geht durch das aufgeregte Publikum. Auf dem riesigen Bildschirm des Stadions sieht man Bilder vorangegangener Weltmeisterschaften.
Das Training begann. Die Brasilianer waren nicht anwesend.
»Das war schon beleidigend für uns. Wir dachten, daß sie arrogant sind.«
Tatsächlich waren die Brasilianer in ihren Umkleideräumen eingesperrt. Sie trainierten drinnen. Ronaldo hatte mit dem Trainer gesprochen, um ihm mitzuteilen, daß er spielen wollte. Bald zirkulierte die endgültige Mannschaftsaufstellung: Ronaldinho war in Form, er wird spielen.
»Als wir wieder in den Umkleideräumen waren, kam Laurent Blanc zu mir. Er, der nicht spielte, bat mich, das Beste zu geben. Mehr als in jedem anderen Spiel. Ich war sehr berührt. An diesem Tag verstand ich wirklich, was Laurent mir bedeutet: er ist wie ein großer Bruder. Ich respektiere ihn sehr, nicht nur, weil er eine große Karriere gemacht hat. Er ist freundlich und offen zu jedem. Er verhielt sich mir gegenüber, wie er sich immer den Jungen gegenüber verhält: er ermutigte mich. Als ich anfing, erklärte er mir, was mir noch fehlte. Er sagte mir, was er schon anderen erzählt hatte: wenn man hier angekommen ist, dann, weil man es verdient. Dieser Typ ist ein wirklicher großer Mann.«
Jetzt kommt Didier Deschamps auf Zidane zu und sagt: »Nun bist du an der Reihe, es ist dein Spiel.«
»Sogar an diesem Tag, an dem ich ein WM-Finale bestreiten würde, brauchte ich die Ermutigung und den Rückhalt, das Wissen, daß man mir hilft. Im Fußball hört man nie auf zu lernen …«

Sie zogen sich um. Blaues Trikot, weiße Hose und rote Stutzen. Zidane bandagiert seine Knöchel bis hoch zu den Schienbeinschützern. Dann verabschiedet er sich von Christophe Dugarry, der als Ersatzspieler auf der Bank bleibt. Die Spieler geben sich die Hände, umarmen einander. Die beiden Basken, Didier Deschamps und Bixente Lizharazu wünschen sich in ihrer Muttersprache viel Glück. Barthez zieht die Handschuhe an. Aimé Jacquets Stimme hallt in den Mauern des Umkleideraumes wieder.

Sie gehen einer nach dem anderen raus. Die Franzosen rechts, die Brasilianer links. Die einen mit verschränkten oder hängenden Armen, die anderen Hand in Hand, eine Kette bildend. Die beiden Kapitäne, Deschamps und Dunga voran. Ronaldo hinter Leonardo, schließt die Reihe. Zidane, auf der anderen Seite, hinter Desailly und vor Petit.

Unter den Zurufen der begeisterten Zuschauer betreten sie den Rasen. Auf den Rängen sieht man die Farben der Mannschaften: blau, weiß, rot, grün, gelb. Wie ein kunterbunter Baldachin, der sich über die Sitzreihen und Tribünen breitet und mit dem der Tag ausklingt.

Die Brasilianer grüßten mit erhobenen Händen ins Publikum, sangen ihre Nationalhymne. Dann Frankreich. Die republikanische Garde für die *Marseillaise*, das Publikum für die Vielfältigkeit und die Spieler mit untergehakten, auf dem Rücken verschränkten Armen, Zidane murmelnd zwischen Petit und Djorkaeff, Karembeu mit geschlossenen Lippen, gegenüber der Präsident der Republik und der Premierminister, ebenfalls ernst singend.

Die Spieler verteilen sich, schütteln einander vorher noch einmal die Hände, um sich dann für das Mannschaftsfoto aufzustellen. Die beiden Kapitäne finden sich beim Schiedsrichter zum Auslosen der Platzhälften ein. Der Schiedsrichter wirft ein

Geldstück. Von neuem schütteln sich die Kapitäne die Hände. Laurent Blanc nähert sich, um Fabien Barthez die Glatze zu küssen, so wie er es seit dreißig Tagen, in Marseille zum ersten Mal, immer hält.
Um 21 Uhr pfeift der Schiedsrichter unter dem Applaus und den Zurufen des Publikums das Finalspiel der WM 1998 an. Zinédine Zidane schaut kurz zu den Tribünen und küßt dann seine beiden Armbänder.

Sonntag, 12. Juli 1998, Stade de France, 21 Uhr

Frankreich steht im Finale und das Spiel beginnt.

Es ist sehr mild, und ein leichter Wind bringt die vielen bunten Fahnen in den Tribünen zum Wehen. Platini zeigt ein blaues Trikot unter seinem Mantel.

Auf einen Kopfball von Thuram holt Zidane sich den Ball, Ronaldo dicht hinter ihm. Zidane gibt ab an Djorkaeff, Ronaldo entfernt sich. Barthez spielt Zidane einen Ball zu. Vierundachtzigtausend entfesselte Menschen brüllen: »Los, ihr Blauen!«

»Wir waren so gut, daß ich keine ernsthaften Befürchtungen hatte. Die französische Elf hatte die beste Abwehr und spielte am konstantesten. Wir mußten gewinnen.«

Ball an Ronaldo, an der Außenlinie entlang. Er läßt ihn laufen, schaut sich um, täuscht an und gibt an Rivaldo ab. Man beobachtet sich, testet sich, foult. Man sucht die Schwächen. Je näher der Ball einem Tor kommt, um so lauter wird das manchmal nervöse, manchmal erleichterte Geraune der Menge, die dann und wann vor Spannung den Atem anhält.

Roberto Carlos schießt – zu hoch. Barthez streckt sich. Der Ball verliert sich oberhalb der Latte.

Trompeten tönen von den Tribünen. Eine La-Ola-Welle beginnt auf einer Seite, um sofort auf die andere überzuspringen. Ronaldo steht Thuram gegenüber. Das blaue Trikot dreht sich um sich selbst, um den anderen zu verfolgen, Ellenbogen an Ellenbogen, die Knie einander fast berührend, weiße und rote Stutzen. In dem Durcheinander der Farben gewinnt Ronaldo. Er streckt das Bein, zielt, der Ball steigt, Barthez steht vor dem Tor, wirft sich nach vorn und hält den Ball, der wegspringt. Fast das Gleichgewicht verlierend, nimmt er ihn wieder auf.

Siebenundzwanzigste Minute.

Ecke für die Blauen.

»Es stimmt schon, daß die Brasilianer keinen eigenen Stil hatten. Jacquet sagte das schon. Aber Fußball ist niemals dasselbe. In diesem Spiel könnten ganz andere Dinge ausschlaggebend sein.«
Vielleicht. Neun Spieler in Gelb stehen vor dem Tor von Taffarel. Ein Franzose im Strafraum. Leboef nähert sich. Emmanuel Petit geht mit dem Ball zur Ecke. Drei Schritte zurück. Er schießt. Zidane ist weit vom Tor entfernt. Er läuft an, beugt sich dem Ball entgegen, springt und köpft den Ball ins Tor.
Frankreich – Brasilien 1:0.
Zidane wirbelt im Kreis und springt mit erhobenen Armen auf die Absperrung. Zurück auf dem Spielfeld wird er von seinen Kameraden umringt. Er umarmt Emmanuel Petit, macht ein ernstes Gesicht, lacht nicht, lächelt nicht einmal.
»Dieser Kopfball war verrückt … Ein Geniestreich … Ich war wie in Trance. Ich hatte ein Tor im WM-Finale geschossen! Für Frankreich!«
Er macht sofort weiter, greift an, vierzehn Minuten lang rennt, dribbelt, schießt er Pässe, gibt den Ball ab.
Fünfundvierzigste Minute.
Ecke für die Blauen.
Djorkaeff legt sich den Ball zurecht. Geht fünf Schritte zurück, schießt. Zidane setzt sich in sieben Metern Entfernung in Bewegung.
»Beim ersten Mal stand ich ziemlich frei. Jetzt war ich eng bewacht …«
Er kommt erneut zum Kopfball. Der Ball entwischt dem brasilianischen Torwart durch die Beine und landet im Tor.
Frankreich – Brasilien 2:0.
Im Elternhaus in Marseille verläßt Nordine seinen Platz vor dem Fernseher und rennt in den Garten.

»Yazid hat ein Tor geschossen! Vater, Yazid hat schon wieder getroffen. Zwei Tore!«
Smaïl sagt nichts. Er sitzt auf einem Stuhl, hält den kleinen Luca in den Armen. Er wiegt ihn sanft, damit er einschläft. Wie immer schaut er sich das Spiel später als Aufzeichnung an.
»Papa! Hast du gehört! Yazid hat wieder getroffen!«
Smaïl antwortet immer noch nicht. Ein strahlendes Lächeln erhellt sein Gesicht.

In Saint-Denis rennt Zidane zum Publikum.
»Zwei Tore! Kannst du dir das vorstellen? Das ist ganz und gar verrückt!«
Er hebt sein Trikot und küßt es.
»Da wird man verrückt.«
Er lächelt. Man umarmt und küßt sich gegenseitig.
»Wenn du ein Tor schießt, du selbst, ist das nicht vergleichbar mit einem Tor deines Mitspielers. Die anderen, weißt du, du hörst das Publikum, weißt, wo die Leute sind. Man sieht genau das, was alle anderen auch im Fernsehen sehen können.«
Er hebt die Hand und deutet auf die Tribüne, wo alle verrückt sind vor Freude: Rufe, Trompeten, Gesänge. Mehrere tausend Menschen haben sich erhoben. Sie skandieren unaufhörlich seinen Namen: »Zizou, Zizou …« Er bemerkt es nicht, er rät es.
»Wenn du derjenige bist, siehst du gar nichts mehr.«
Dugarry kommt von der Ersatzbank herüber. Sie umarmen sich.
»Wenn man dich beglückwünscht, wenn die anderen dich umarmen, weißt du nicht einmal, wer alles da ist. Du schlägst in ihre Hände, aber das ist alles. Du weißt nicht, wer alles da ist. Du bist mit dir beschäftigt und nur mit dir. Du hörst nicht einmal das Publikum. Erst später wird dir klar …«
Halbzeit.

»… wird dir klar, daß du im WM-Finale zwei Tore geschossen hast!«

In den Umkleideräumen des Stade de France liegt Zidane ausgestreckt mit nacktem Oberkörper auf dem Rücken. Er entspannt sich. Die Masseure kümmern sich um die Spieler. Didier Deschamps ermuntert die Spieler, nichts unversucht zu lassen, weiter anzugreifen. Er hat die Rolle von Aimé Jacquet übernommen.

»Ich dachte an meinen Sohn und an meine Frau. Sie saßen zusammen auf der Tribüne. Und zu Hause schauten meine Eltern ebenfalls das Spiel. Ich sagte mir, daß es wunderbar und einzigartig ist. Daß ich so etwas nie wieder erleben würde.«

Er zieht sich um, nimmt ein sauberes Trikot.

»Ich wollte nicht weinen. Das kam später. Ich mußte doch auf das Spielfeld zurück …«

Er dachte an eine Sache. An eine ganz einfache Sache. Und an einen Mann. An Jean Varraud, den Talentsucher des AS Cannes.

»Er sagte, daß ich Angst hätte, Kopfbälle zu spielen. Ich spielte schon annähernd so wie heute, war groß und kräftig. Er wiederholte häufig: ›Der da, wenn der seinen Kopf benutzt, haut er alles um sich herum kurz und klein.‹ Aber ich glaubte nicht wirklich daran. Denn in Marseille spielte man keine Kopfbälle. Auf der Straße haben Kopfbälle nichts zu suchen. Man spielt mit den Füßen.«

Er verläßt die Umkleideräume und geht zu den anderen Spielern. Er hatte schon einmal ein wichtiges Kopfballtor erzielt: am 17. August 1994, im Lescure-Stadion in Bordeaux gegen Tschechien, als er zum ersten Mal in der französischen Nationalelf spielte.

In der zweiten Halbzeit wurde Denilson durch Leonardo ersetzt.

»Der hat uns sehr zu schaffen gemacht. Er war ausgeruht und wir konnten nicht mehr. Ich sagte mir, daß wir durchhalten mußten, nicht locker lassen durften. Wir hatten eine sehr gute erste Halbzeit gespielt, verhindert, daß die Brasilianer so richtig zum Zuge kamen. Sie haben einen neuen Anlauf genommen. Dem mußten wir alles entgegensetzen.«

Desailly bekam eine gelbe Karte, weil er gegen eine Schiedsrichter-Entscheidung protestierte. Zinédine Zidane holte ihn von der Seitenlinie zurück ins Spiel.

Karembeau erhielt ebenfalls eine Verwarnung. Zehn Minuten später wurde er durch Boghossian ersetzt. Meisterhaft hielt Barthez einen aus dem Stand abgegebenen Schuß von Ronaldo. In der sechsundsechzigsten Minute, wurde Dugarry für Guivarc'h eingewechselt. Taffarel parierte einen Schuß von ihm.

»Schade. Er erzielte das erste WM-Tor für uns. Er hätte auch das letzte schießen können …«

Marcel Desailly erhielt eine zweite gelbe Karte und mußte das Spiel verlassen. Edmundo wurde für Cesar Sampaio eingewechselt und Patrick Vieira für Djorkaeff.

»Wir ließen nach … Die Brasilianer hatten viele Möglichkeiten. Sie hätten Tore schießen und ausgleichen können. Meine beiden Tore wären nicht mehr viel Wert gewesen.«

Zum Glück gab es Emmanuel Petit.

»Während der gesamten WM beeindruckte er uns. Nicht viele hatten dieses hohe Niveau von ihm erwartet. Ich wußte, daß er gut war, aber, ehrlich gesagt, hätte ich nicht gedacht, daß er so entschlossen agieren könnte. Und, wo er sich befand, in der Mitte des Strafraums …«

Wo im Strafraum genau?

Acht Meter von Taffarel entfernt. Kurz vor Spielende, eine Minute vor dem Schlußpfiff.

»Er schoß das Tor auf einen Paß von Vieira, direkt neben den rechten Pfosten.«

Frankreich – Brasilien 3:0.

»Das war das Siegtor. Als er traf, verstand ich endlich, daß wir es geschafft hatten: Wir waren Weltmeister.«

Paris, August 1999

»… Danach waren wir wie betrunken …«

Wir treffen uns zum letzten Mal ein Jahr nach seinen beiden Toren im Royal-Monceau-Hotel in Paris. Zinédine hat nichts vergessen. Wenn er sich erinnert, überkommen ihn von neuem die Emotionen.

»Christophe Dugarry weinte in meinen Armen, Barthez hatte auch Tränen in den Augen … Wir tanzten auf dem Rasen und sangen ›Wir sind Weltmeister‹. Die Brasilianer schauten traurig von weitem zu … Wir liefen eine erste Ehrenrunde mit einer riesigen französischen Fahne. Es war verrückt, total verrückt …«

Im Royal Monceau mit seinen Kristalleuchtern und Pastelltönen, Marmorbüsten und Sesseln im Empire-Stil begegnet man Geschäftsleuten, amerikanischen Touristen, älteren Senioren. Durchschnittsalter: zwischen fünfzig und hundertsechzig Jahren.

»Wir tauschten die Trikots mit den Brasilianern. Djorkaeff tröstete Ronaldo. Danach gingen wir auf die Tribüne, Didier Deschamps als erster. Er umarmte Michel Platini und den Präsidenten. Man schüttelte uns die Hände, gab uns unsere Medaillen. Danach überreichte der Präsident Deschamps den Pokal, der ihn an uns weiterreichte. Wir küßten ihn nacheinander. Die *Marseillaise* wurde gesungen. Das war ein einzigartiger Augenblick.«

Zinédine Zidane trägt ein schwarzes Hemd und weiße Hosen. Kräftig, geschmeidig, jung. Mit einem Marseiller Akzent. Ohne Starallüren. Er sitzt an einem Tisch, in der Ecke, und erwartet einen wichtigen Anruf.

»Dann liefen wir wieder auf das Spielfeld. Dort sah ich meine Frau und meinen Sohn. Ich umarmte und küßte beide, drückte

sie an mich. Da, ja, da mußte ich weinen. Mit den beiden, wir alle drei, ganz allein …
Dann mußte ich sie zurücklassen, aber nur für kurze Zeit. Wir liefen eine Ehrenrunde nach der anderen. Ich lief mit Lizarazu und Dugarry über den Rasen. Bordeaux … und auch Marseille: als ich meine Freunde auf der Tribüne sah, alle meine Kumpels aus der Kindheit, rannte ich zu ihnen und sie nahmen mich in die Arme. Das dauerte lange, lange …«
Um zwei Uhr morgens fuhren sie ab, voller Freude durchquerten sie Paris. Überall Fahnen, auf den Balkonen, in den Autos, in den Händen der Passanten, in Bäumen …
»Mein Name stand auf dem Arc de Triomphe …«
Millionen von Menschen jubelten: »Zidane – Präsident!« Man umjubelte ihn von Marseille bis Lille, auf dem Land, in den Dörfern, über Grenzen hinweg. In Bastia gab es ihm zu Ehren friedliche Maschinengewehrsalven. Die gesamte Weltpresse feierte ihn als den besten Spieler seiner Zeit. Unzählige Babies würden seinen Namen, Zinédine, tragen …

Er erwartet einen dringenden Anruf seiner Frau. Sie reist aus Turin an und er muß sie vom Flughafen abholen. Also meldet er sich jedesmal, wenn das Handy klingelt. Mit derselben dunklen und sanften Stimme sagt er, daß er beschäftigt sei und bittet um späteren Rückruf.
»Unser Bus fuhr als erster. Hinter uns die Frauen. Motorradfahrer folgten und überholten uns …«
Das war eine lange Fahrt. Die Weltmeister tanzten zu dem Song *I will survive*. Der WM-Pokal ging von Hand zu Hand. Niemandem fiel auf, daß die Sicherheitsbeamten die Route geändert hatten, um Zeit zu gewinnen. Als Henri Émile es bemerkte, war es zu spät: Tausende von Fans warteten umsonst auf einen Konvoi, der eine andere Route eingeschlagen hatte.

»Die kleine Straße Richtung Clairefontaine war schwarz vor lauter Menschen. Es dauerte genausolange, ins Schloß zurückzukehren, wie wir zum Wegfahren benötigt hatten.«
Die Tore schlossen sich hinter den Helden des Abends, endlich waren sie allein mit ihren Familien. Zidane ging mit seinem Sohn Enzo auf das Zimmer und wog ihn in den Schlaf. Danach traf er die anderen im Speisesaal wieder. Viel später, in der Nacht, gab es ein Feuerwerk. Blau, weiß, rot. Und noch viel später tanzte die französische Mannschaft mit den Frauen, rauchte Zigarren, bewunderte, streichelte, umarmte die Trophäe. Um fünf Uhr morgens schliefen sie noch nicht.
»Am nächsten Morgen war es sehr heiß. Die Mannschaft frühstückte bei der FFF. Von dort fuhren wir mit einem offenen Bus die Champs-Élysées entlang. Ich habe nie zuvor so eine Menge Menschen erlebt ...«
Ungezählte Frauen, Männer, Kinder, die sich auf Telefonzellen, Kiosken, Bäumen drängten ... Überall die französische Fahne. Trikots, geschminkte Gesichter. Freudenschreie. Vorne im Bus schwenken Petit, Desailly und Pires den Pokal. Aimé Jacquet singt mit der Menge: »Und eins und zwei und drei – zu null!« Enzo ist auf den Knien seines Vaters eingeschlafen.
»Es ist schon unglaublich zu wissen, daß in allen Städten, allen Dörfern die Menschen deinen Namen rufen. Eine Million Menschen auf den Champs-Élysées! Unseretwegen! Wegen der französischen Nationalelf! Nur, weil wir unsere Aufgabe erledigt haben!«
Auf den Straßen vermischt sich die französische Nationalfahne mit den Kreuzen Algeriens, mit dem Juchzen der Frauen, mit den Hochrufen, die in allen Sprachen gerufen werden. Ebenfalls Jubelrufe von den Spielern, die mit ihren Fans zusammen singen. Sie tragen ein mit dem Abbild der Trophäe bedrucktes, weißes T-Shirt. Sie zeigen der Menge immer wieder diese Tro-

phäe. Sie allein wissen, daß sie eine Imitation ist: das Original befindet sich in einer Sporttasche, die ein Polizist der Spezialeinheit zur selben Zeit zu einer Schweizer Bank in einen sicheren Tresor bringt.

Ganz oben, über einer der schönsten Alleen der Welt, in der Spitze des Triumphbogens erwartet Michel Platini die Helden des Tages. Er sieht bestimmt die Sonne, das grüne Gras und die sich nähernden Blauen. Aber es dauert so lange!

Die Menge ist beängstigend dicht. Fünf Spezialeinheiten versuchen, den Bus vor dem Publikum abzuschirmen. Die Polizisten bilden eine Barriere, die die Fans manchmal durchbrechen. Zidane, der am häufigsten bejubelte, der am meisten gefeierte von allen, muß sich verstecken. Und um 18.30 Uhr neigt sich die Feier dem Ende. Zumindest für den heutigen Tag. Der Bus der französischen Nationalelf schwenkt in die George-V. ein, verläßt die schönen Viertel und verschwindet in den ausgestorbenen Straßen. Auch Michel Platini kehrt nach Hause zurück.

»Erst auf dem Champs-Élysées habe ich wirklich realisiert, wie wichtig das war, was wir taten. Eine Million Menschen. Die Leute waren so glücklich! Verrückt vor lauter Freude! Sie dachten nicht im Traum daran, auf die Herkunft ihres Nachbarn zu achten.«

Zidane ist bewegt. Er hat ein verhaltenes Lächeln für einen Autogrammjäger über, dem er das gibt, was er verlangt. Er fügt hinzu: »Selbst nach einem Jahr bleibt das unbeschreiblich ...«

Das Telefon klingelt. Er antwortet. Es ist Véronique. Er ist erleichtert.

Nachdem er aufgelegt hat, sagt er: »Manchmal ist mir ganz schwindlig. Ich habe das alles so schnell erreicht ...!«

Er nickt, wiegt sich einen Moment hin und her, wie er es immer in ganz emotionalen Augenblicken macht, und flüstert mehr zu sich selbst, als für andere Ohren bestimmt: »Mit dreizehn Jahren verließ ich meine Eltern … Damals sagte ich mir: ›Jetzt bist du ganz allein. Dein Vater, deine Mutter, deine Brüder und deine Schwester sind nicht mehr da … Du mußt ohne sie zurechtkommen.‹ Ich heiratete schnell, hatte schnell zwei Kinder. Mit zwanzig Jahren glaubte ich, alles zu kennen …«

Und heute?

»Ich bin siebenundzwanzig Jahre alt. Das ist noch jung. Aber bald wird sich meine Karriere ändern. Das beunruhigt mich ganz und gar nicht. Ich durfte wunderbare Augenblicke erleben. Alles, worum ich bitte, ist spielen zu können, wenn ich es möchte.«

Während der WM trug er an beiden Handgelenken ein Baumwollarmband: ein rotes, ein weißes. Sie sind nicht mehr da.

»Das weiße hatte ich 1996 an einem Strand in Guadeloupe gekauft. Damals wünschte ich mir etwas. Der Wunsch ging in Erfüllung, übertraf meine Hoffnungen.«

Lächeln, kleine Erläuterung: »Es ging um Fußball.«

Das Armband löste sich von allein nach der WM.

»Das rote?«

Er scheint es nicht gehört zu haben.

Er erhebt sich. Seine Verletzung ist verheilt. Er wird nach Turin zurückkehren.

»Als ich klein war, in La Castellane, organisierten wir Turniere auf dem Platz Tartane. Wir losten die Gruppen aus, wie in der WM. Es gab einen Pappkarton, der uns als Gewinnbox diente. Jeder gab, was er konnte, ein oder zwei Francs. Die Gewinner des Turniers erhielten die Box. Und es gab auch eine Trophäe … Als ich den WM-Pokal hochhob, erinnerte ich mich das an früher.«

Es war keine goldene Trophäe. Und kein Präsident irgendeiner Republik überreichte sie den Siegern.

»Wir machten sie selbst, und sie war natürlich nicht so wertvoll …«

Er lächelte und nickte sanft.

»Wir waren stolz darauf, und zwar sehr stolz …«

Das Telefon klingelt. Er antwortet nicht mehr und läßt den Apparat in der Tasche verschwinden.

»Es war kein Pokal oder irgendein Schmuckstück. Es war nur eine Plastikflasche.«

Und ehe er verschwindet fügt er noch hinzu: »Mit Alufolie umwickelt.«

Biographie

Name:	Zidane
Vorname:	Zinédine
Spitzname:	»Zizou«
Geburtsdatum:	23. Juni 1972
Geburtsort:	Marseille, Frankreich
Vereine:	
bis 1986:	Sport Olympiques des Septèmes
1986 – 1992:	AS Cannes
1992 – 1996:	Girondins Bordeaux
1996 – 2001:	Juventus Turin
seit 2001:	Real Madrid (Vertrag bis 2007)
Trikotnummer:	5
Position:	Mittelfeld

Statistik

Einsätze in der französischen Nationalelf:	93
davon als Kapitän:	11
Tore in der Nationalelf:	26
Einsätze in Meisterschaftsspielen:	464
Tore in Meisterschaftsspielen:	83
Einsätze in Europapokalwettbewerben:	102
Tore in Europapokalwettbewerben:	18

Erfolge

»Weltsportler des Jahres«1998

»Weltfußballer des Jahres« 1998, 2000, 2003

»Wertvollster Spieler der UEFA Champions League 2002«

Bei einer Fan-Umfrage der UEFA wird Zidane zum besten Fußballer Europas gewählt, gefolgt von Franz Beckenbauer und Johann Cruyff.

UN-Botschafter des guten Willens

Privat

Verheiratet mit Véronique

3 Kinder: Enzo, Luca und Teo

Zidane über:

seinen Wechsel von Juventus Turin zu Real Madrid im Sommer 2001 – für die Rekordtransfersumme von 147 Millionen EUR:

»Ich habe Turin fünf Jahre meines Lebens gegeben, und ich denke, daß ich meine Schuldigkeit getan habe.«

seine Gefühle mit der neuen Mannschaft Real Madrids:

»Ich durchlebe eine große Periode meiner Karriere. Real ist die beste Mannschaft, in der ich je gespielt habe. Ich genieße auf dem Platz die totale Freiheit.«

seine Mannschaftsdienlichkeit:

»Mir liegt nichts daran, zu imponieren und mich hervorzutun, ich spiele vor allen Dingen für das Team.«

seine Familie:

»Es ist angenehm, wenn ich heimkomme und lächelnde Gesichter sehe. Wir sind wirklich glücklich.«

über Zidane:

»(Er ist der) wohl beste Regisseur des Weltfußballs. Er verbindet spielerische Brillanz mit strategischem Weitblick. Sein Spiel ist im höchsten Maße intelligent.«

FAZ, nach dem WM-Triumph 1998

»Der teuerste und beste Spieler der Welt steht für Ballkunst und Bescheidenheit. Zidane ist vielleicht der netteste aller Superstars im Fußball.«

Der STERN in einem Porträt von der WM 2002

»Seine Füße sprachen mit dem Ball.«

Jean Varraud, Leiter des Fußballinternats des AS Cannes

»Wenn Zidane angespielt wird, beginnt sich der Ball wohl zu fühlen. Dann ist das Objekt des Fußballsports fürs erste aus der Gefahrenzone, wird nicht mehr nur geschubst und getreten. Denn Zidane, die sensible Nummer 10 der Franzosen, behandelt den Ball liebevoll. Er streichelt ihn mehr als er ihn tritt.«

SPORT; Zürich, vom 16.6.1998

»Es ist anzunehmen, daß er es seiner impulsiven Art wegen zu nichts bringen wird.«

(aus einem Dossier des Fußballinternats in Cannes;
zitiert nach Hamburger Abendblatt)

www.zidane.fr

Alle Daten Stand Februar 2005